CYBER

JEAN-LOUIS GERGORIN
LEO ISAAC-DOGNIN

CYBER

La guerre permanente

Préface
du Général Jean-Paul Paloméros

LES ÉDITIONS DU CERF

www.editionsducerf.fr
24, rue des Tanneries
75013 Paris

ISBN 978-2-204-11085-3

PRÉFACE
DU GÉNÉRAL JEAN-PAUL PALOMÉROS

Il y a une trentaine d'années, les inventeurs d'internet et du World Wide Web ont voulu faire un outil au service de l'humanité en créant une plateforme ouverte, lieu de partage universel de l'information, de la connaissance, s'affranchissant des frontières traditionnelles. S'il faut reconnaître que cette ambition a été en grande partie satisfaite, l'évolution des technologies numériques a en fait donné naissance à un véritable espace numérique de communication, de développement de la criminalité organisée, mais aussi d'influence, de compétition, voire de confrontation entre États. La protection de cet espace numérique représente aujourd'hui un enjeu vital pour nos États, nos entreprises et notre vie quotidienne, car les cyber attaques peuvent paralyser des fonctions essentielles d'un pays. Voilà autant de défis lancés aux nouveaux cyber combattants qui protègent nos institutions et nos concitoyens. Dans cette nouvelle forme de guerre numérique, le contenu est aussi important que le contenant. C'est désormais l'information elle-même qu'il faut protéger et de plus en plus les bases de données. La donnée constitue aujourd'hui le véritable ADN de l'espace numérique. La combinaison de bases de données gigantesques et des systèmes d'intelligence artificielle permet de mener des analyses prédictives qui peuvent par exemple mettre en évidence les caractéristiques de groupes d'individus spécifiques pour mieux les cibler et leur diffuser des informations adaptées, tronquées, fallacieuses (*infox*), de manière à les influencer, comme ce fut le cas dans certains États lors de la campagne présidentielle américaine.

Les enjeux considérables, politiques, commerciaux, militaires ou démocratiques, de l'espace numérique attisent l'opposition entre les grandes puissances. Les États-Unis ont de longue date mis l'accent sur le renseignement, outil de « l'information dominance » : ils hébergent les grands du numérique (GAFAM) dont la puissance financière dépasse aujourd'hui celle de pays de taille moyenne. La Chine a fait du numérique un outil de développement et de conquête du savoir, en particulier grâce à l'espionnage des bases de données occidentales. La Russie, quant à elle, a très tôt donné une priorité absolue à des stratégies hybrides qui associent les attaques cyber et la manipulation offensive des réseaux sociaux. Face à ce choc de titans, si pour sa part la France met en œuvre une nouvelle stratégie de cyber-sécurité cohérente pour protéger ses systèmes d'information critiques, ses entreprises et ses citoyens, seule une stratégie numérique ambitieuse permettrait de donner à l'Union européenne les clés de son avenir.

Dans cet ouvrage captivant, Jean-Louis Gergorin, stratège reconnu et visionnaire, et Léo Isaac-Dognin, talentueux représentant du « nouvel âge numérique », nous embarquent dans une exploration bien informée et fascinante de l'espace numérique et des dangers qu'il recèle, mais aussi des solutions à déployer pour y faire face.

Général d'Armée aérienne
(2S) JEAN-PAUL PALOMÉROS
Commandant Suprême pour la Transformation de l'OTAN (2012-2015)
Chef d'État-Major de l'Armée de l'Air (2009-2012)

PROLOGUE

Moscou – Dimanche 4 décembre 2011. Alors que la nuit tombe, quelques dizaines de manifestants se rassemblent sur la Place Rouge. Plus tôt dans la journée, les Russes ont été invités à élire leurs représentants à la Douma, la chambre basse du Parlement. Ce scrutin est particulièrement attendu depuis que le Premier ministre Vladimir Poutine a annoncé qu'il se porterait candidat à l'élection présidentielle du printemps suivant, tandis que le président en exercice Dmitri Medvedev, censément plus libéral, ne se représentera pas au bénéfice probable d'un troc de positions.

Les résultats électoraux parvenus en début de soirée provoquent la surprise. Alors que les instituts de sondage ont prédit une baisse notable mais limitée de Russie Unie, le parti au pouvoir chute en dessous de 50 %, perdant 15 points par rapport au scrutin de 2007. Bien qu'il remporte l'élection, il échoue à conserver la majorité qualifiée de deux tiers des sièges qu'il tenait jusque-là. De surcroît, très vite, des sources diverses indiquent l'existence de nombreuses fraudes dans l'ensemble du pays, mêlant bourrages d'urnes et destructions de bulletins. Pour le seul district sud de Rostov, la chaîne de télévision publique Rossiya-24 affiche ainsi des résultats dont le total cumule à plus de 146 % des voix exprimées. L'erreur ne manque pas d'être relevée par l'opposition, et les captures d'écran se répandent sur les réseaux sociaux russes et étrangers. Pour toute explication, le directeur de la commission électorale, Vladimir Churov, se contentera de blâmer un employé de la chaîne, l'accusant d'avoir sciemment manipulé les scores en échange d'une « place confortable à l'étranger ».

Près du Kremlin, malgré la colère, le rassemblement ne dure pas. Il est dispersé sans ménagement par la milice, tandis qu'une poignée de manifestants est arrêtée pour l'exemple. Le lendemain, lundi 5 décembre, la mission d'observation de l'Organisation pour la Sécurité et la Coopération en Europe (OSCE) publie un rapport dénonçant des irrégularités « fréquentes » dans la tenue du scrutin, exprimant par-là un doute fondamental quant à son intégrité[1]. Golos, le principal observateur électoral local indépendant du gouvernement, appuie fortement cette critique.

Tandis que plusieurs vidéos documentant ces abus commencent à circuler sur Internet, le *New York Times* évoque une « nouvelle arme dans la bataille contre la fraude électorale en Russie[2] ». Depuis Bonn où elle entame

1. *Organization for Security and Cooperation in Europe, "International election observation"* [en ligne], décembre 2011, disponible sur https://www.osce.org/odihr/85757?download=true.

2. SCHWIRTZ M., HERSZENHORN D. M., *"Voters watch polls in Russia, and fraud is what they see."* [en ligne], *The New York Times*, 5 décembre 2011. Disponible sur https://www.nytimes.com/2011/12/06/world/europe/russian-parliamentary-elections-criticized-by-west.html.

une tournée européenne, la secrétaire d'État américaine Hillary Clinton dénonce des « pratiques troublantes » avant et pendant le scrutin. « Le peuple russe, dit-elle, mérite comme tout peuple sur Terre d'être entendu et de voir ses suffrages comptabilisés. » Dans la foulée, le sénateur John McCain, candidat malheureux de l'élection présidentielle américaine de 2008, déclare sur Twitter : « Cher Vlad, le #Printempsarabe arrive près de chez toi », accompagnant son message de la photo d'un manifestant arrêté la veille.

À Moscou, devant la multiplication des témoignages et des vidéos qui emplissent les réseaux sociaux, de nouvelles manifestations éclatent dans la soirée. Plus de 5 000 personnes sont recensées dans les rues de la capitale – un nombre inédit en Russie –, et des centaines d'arrestations sont effectuées. Trois jours plus tard, le jeudi 8 décembre, Vladimir Poutine réunit le comité de coordination de son parti en vue de la campagne présidentielle. Il profite de la présence des caméras pour revenir sur le scrutin et, notant que les États-Unis ont mis en cause son intégrité et son impartialité avant même que les observateurs n'aient livré leurs commentaires, il accuse Hillary Clinton d'avoir « donné le signal de départ de la contestation », arguant que le département d'État apporte un soutien actif aux manifestants. Il dénonce aussi le fait que l'Agence d'aide au développement gouvernementale (USAID) ainsi que plusieurs fondations américaines, dont le *Carnegie Endowment for Peace*, ont versé des millions de dollars aux ONG russes qui animent le mouvement protestataire. Rebondissant sur les remarques d'un cadre de son parti, Poutine redit qu'une telle ingérence ne peut être tolérée et consent que la contre-propagande soit nécessaire pour lutter contre les fausses informations diffusées par l'opposition. « Le peuple russe, dit-il, n'acceptera pas de voir se répéter les scénarios qui ont plongé des pays tels que l'Ukraine et le Kirghizstan dans le chaos[1]. »

Sur Facebook et VKontakte, son équivalent russe, près de 30 000 personnes indiquent déjà leur intention de se joindre à une manifestation organisée le samedi suivant par l'opposition sur la place de la Révolution à Moscou. Dans plus de 80 villes du pays, des évènements similaires invitent les internautes à se mobiliser.

S'exprimant quelques heures plus tard devant l'OTAN à Bruxelles, Hillary Clinton réaffirme que les États-Unis soutiennent « les droits du peuple russe » et ses espoirs pour « un avenir meilleur ».

Le samedi 10 décembre, la mobilisation dans la capitale russe dépasse toutes les attentes. Les autorités recensent 50 000 personnes ; les organisateurs revendiquent plus de 100 000 participants. Plusieurs figures politiques, dont Mikhail Kasyanov, ancien Premier ministre, Boris Nemtsov, Premier ministre adjoint sous Boris Eltsine, ou encore Yevgenia Chirikova, visage important de l'opposition[2], sont présentes. L'ampleur du rassemblement est telle que les chaînes d'information russes, qui ne relayent

1. Archive du site officiel du Premier ministre de la Fédération russe. « *Prime Minister Vladimir Putin chairs a meeting of the Russian popular front's coordinating council* » [en ligne], décembre 2011. Disponible sur http://archive.premier.gov.ru/eng/events/news/17330/.

2. Le « Woman of Courage Award » lui avait été remis en mars 2011 par le Vice-Président américain, Joe Biden.

pas d'ordinaire les critiques envers Poutine, n'ont d'autre choix que d'inclure le sujet dans leurs journaux du soir. C'est un fait : l'exécutif russe vient de vivre la plus importante mobilisation populaire depuis la chute de l'Union soviétique.

De retour à Washington, Hillary Clinton a, elle aussi, affaire aux médias, sur un sujet différent. Avant même que le soleil ne se lève sur Moscou, la Secrétaire d'État américaine signait dans le *Guardian* une colonne sur les droits des femmes. « Le 10 décembre, ne manque-t-elle pas de rappeler, est l'anniversaire de la Déclaration universelle des droits de l'homme. »

Washington D.C. – Samedi 19 mars 2016. John Podesta, le directeur de la campagne présidentielle d'Hillary Clinton, reçoit un email indiquant qu'un ordinateur situé en Ukraine tente de se connecter à son compte Google. L'email, signé de « l'équipe Gmail », invite son destinataire à changer de mot de passe en cliquant sur un large bouton bleu, caractéristique des communications officielles de la firme de Palo Alto[1].

Après vérification auprès du support technique du DNC, siège national du parti démocrate, un des assistants du directeur de campagne clique sur le lien et entre un nouveau mot de passe. Il ignore que par son geste un groupe de hackers vient d'obtenir l'accès à l'ensemble du serveur Gmail de son chef. Ces hackers tentaient depuis

1. Palo Alto, ville californienne frontalière de San Francisco, au cœur de la Silicon Valley qui accueille le siège de nombreux géants de l'Internet.

des semaines de pénétrer les systèmes informatiques de la campagne d'Hillary Clinton... Désormais, la deuxième phase de leur opération peut commencer.

Fin avril, les techniciens du DNC remarquent des irrégularités sur leur réseau[1]. Ils mandatent Crowdstrike, une entreprise spécialisée en cybersécurité, pour réaliser une expertise.

Le 12 juin 2016, Julian Assange, fondateur de Wikileaks, déclare que son organisation publiera bientôt de nouveaux emails provenant de la messagerie d'Hillary Clinton[2]. Trois mois plus tôt, le 16 mars, son ONG spécialisée dans la diffusion de documents à caractère confidentiel avait déjà publié plus de 30 000 emails et pièces jointes à caractère diplomatique, envoyés ou reçus par Hillary Clinton sur son compte personnel, entre juin 2010 et août 2014. Les emails avaient été obtenus du Département d'État américain suite à une demande formelle d'accès à l'information (*Freedom of Information Act request*).

Le 14 juin, le *Washington Post* révèle, rapport de Crowdstrike à l'appui, qu'un groupe de hackers connu des services de renseignements occidentaux sous le nom de *Fancy Bear*, *APT 28*, ou encore *Pawn Storm*, s'est introduit sur le réseau du DNC en avril, obtenant notamment

1. BARRETT, Brian, « *DNC lawsuit reveals key details about devastating 2016 hack* » [en ligne], *Wired*, 20 avril 2018. Disponible sur https://www.wired.com/story/dnc-lawsuit-reveals-key-details-2016-hack/.

2. ITV. *Assange on Peston on Sunday : more "Clinton leaks to come"* [en ligne]. Juin 2016. Disponible sur http://www.itv.com/news/update/2016-06-12/assange-on-peston-on-sunday-more-clinton-leaks-to-come/.

l'accès aux notes de synthèse sur les candidats républicains. L'expertise a permis d'identifier qu'un autre groupe nommé *Cozy Bear*, ou *APT 29*, aurait de son côté infiltré les systèmes informatiques du DNC pendant l'été 2015, et à nouveau au printemps 2016. Depuis, ils suivaient l'ensemble des échanges effectués par mail ou messagerie en interne.

D'après le directeur technique de Crowdstrike, le premier groupe, Fancy Bear, est connecté au GRU, le service de renseignement militaire de la Russie. Le deuxième groupe serait lié au FSB, la célèbre agence de renseignement du même pays.

Le lendemain, 15 juin, un compte mystérieux apparaît sur Twitter, nommé *Guccifer 2.0*[1]. Le compte interpelle le *Washington Post*, et affirme être seul à l'origine du piratage du DNC. Il commence à diffuser des documents confidentiels appartenant au parti démocrate.

Le 22 juillet, Wikileaks publie à son tour 19 252 emails et 8 034 pièces jointes provenant du DNC. Diffusés dans la presse de manière graduelle, les documents démontrent notamment que la direction du parti a favorisé Hillary Clinton par rapport à son opposant Bernie Sanders. Ces révélations entraînent la démission de la présidente du DNC, Debbie Schultz, le 24 juillet, et déstabilisent fortement la convention nationale du DNC qui se tient du 25 au 28 juillet.

1. POULSEN, K., ACKERMAN, S. *"Exclusive : lone DNC hacker Guccifer 2.0 slipped up and revealed he was a Russian intelligence officer"* [en ligne], *Daily Beast*, 22 mars 2018. Disponible sur https://www.thedailybeast.com/exclusive-lone-dnc-hacker-guccifer-20-slipped-up-and-revealed-he-was-a-russian-intelligence-officer

L'excitation sur les réseaux sociaux, où de nombreux comptes relaient les révélations diffusées dans la presse, amplifie fortement l'impact médiatique des fuites du DNC.

Alors que dans la presse américaine, les soupçons se dirigent de plus en plus ouvertement vers la Russie, Poutine réfute toute responsabilité de l'État russe dans un entretien donné à *Bloomberg News* le 2 septembre, affirmant que la publication de tels documents est dans tous les cas « un service rendu au public ».

Le 7 octobre, alors que l'écart dans les sondages se resserre entre Hillary Clinton et son adversaire républicain, Wikileaks publie un premier lot de messages envoyés et reçus depuis la messagerie électronique de John Podesta, le directeur de campagne de la candidate démocrate. Les messages révèlent notamment que la candidate avait exprimé, lors de ses discours à Wall Street, un soutien explicite au libre-échange, à l'ouverture des frontières ainsi qu'à une régulation plus modérée du secteur bancaire – trois sujets au cœur des débats électoraux. La campagne de Clinton avait jusqu'alors refusé de confirmer le contenu de ces discours.

On apprendra deux semaines plus tard que John Podesta, comme plusieurs centaines de figures du parti démocrate, a été victime d'attaques informatiques menées par le groupe Fancy Bear, d'octobre 2015 à mai 2016[1].

Cependant ce n'est qu'en janvier 2017, quatorze jours avant l'investiture du Président Trump, que les services

1. Voir chapitre 3.

de renseignement américains déclarent, publiquement et conjointement, que la cyberattaque faisait partie d'une « campagne d'influence » commanditée directement par le Président russe.

De son côté, le Kremlin continue d'affirmer que ces accusations sont pures fantaisies, fruits d'une paranoïa démocrate à l'encontre de la Russie. Ceci jusqu'au 1er juin 2017, quand, interrogé lors d'un forum économique à Saint-Pétersbourg, Poutine suggère que les piratages pouvaient être l'œuvre de « patriotes russes » qui comme « des artistes », agissaient lorsque leur nation était attaquée ou offensée[1].

1. « Les hackeurs sont des gens libres, tout comme les artistes qui se réveillent le matin de bonne humeur et commencent à peindre. Ils se réveillent et lisent qu'il se passe quelque chose dans les relations internationales... S'ils ont l'esprit patriotique, ils apportent leur contribution – une contribution tout à fait juste de leur point de vue – à la lutte contre ceux qui parlent mal de la Russie. »

Voir PHILLIPS, Ian, ISACHENKOV, Vladimir, « *Putin : Russia doesn't hack but 'patriotic' individuals might* » [en ligne], *AP News*, 1er juin 2017. Disponible sur https://apnews.com/281464d38ee54c6ca5bf573978e8ee91

INTRODUCTION

> En règle générale, il est préférable de préserver un état que de le détruire...
> Être victorieux dans tous les combats n'est pas le fin du fin ; soumettre l'ennemi sans croiser le fer, voilà le fin du fin.
>
> SUN TZU, *L'art de la guerre*

Nous sommes en cyberguerre. Une guerre permanente, sans front, sans règles d'engagement, et qui n'en est qu'à ses débuts.

« La guerre n'est que le prolongement de la politique par d'autres moyens », écrivait le général allemand Carl von Clausewitz[1]. Plus précisément c'est, disait-il, « un acte de violence destiné à contraindre l'adversaire à exécuter notre volonté ». Clausewitz résumait ici une conception de la guerre dominante en Occident, axée sur la violence[2].

Pourtant, la finalité politique de la guerre évoquée par Clausewitz sous-entend bien que l'objectif n'est pas d'anéantir mais de *contrôler*. L'usage manifeste de violence

1. VON CLAUSEWITZ, Carl. (trad. fr. par Denise Naville), *De la guerre*, Paris, Minuit, 1959.

2. *Ibid.*

n'est donc qu'un moyen parmi d'autres : comme nous le rappelle Sun Tzu, grand théoricien de la guerre, la véritable prouesse d'un stratège militaire réside en sa capacité à « vaincre sans combattre ». Selon les préceptes énoncés par le guerrier-philosophe chinois au ve siècle avant Jésus-Christ, l'usure, la ruse ou encore la manipulation, présentent bien plus d'avantages que l'agressivité pour imposer sa volonté à autrui.

La cyberguerre, que l'on peut alors définir comme *l'utilisation des moyens numériques à des fins de contrôle*, est une nouvelle forme majeure d'action stratégique qui transcende ces diverses conceptions de la guerre, tout en favorisant la posture avancée par Sun Tzu. Concrètement, le numérique transforme radicalement trois composantes historiques de la guerre : l'espionnage, le sabotage et la guerre de l'information. Autrefois trop coûteuses et spécialisées pour assurer la victoire à elles seules, ces opérations passent aujourd'hui au premier plan de l'action stratégique.

Il est considérablement plus facile et économe de pénétrer un réseau informatique que d'infiltrer un agent en territoire adverse. Une fois implantés, les outils numériques permettent d'extraire une masse d'informations bien plus importante. La quantité d'information récupérée *via* le vaste réseau d'agents clandestins russes démasqués en 1981 dans le cadre de « l'affaire Farewell », qui fut décrite par le président américain de l'époque comme « l'une des plus grandes affaires d'espionnage du xxe siècle[1] », ne peut être comparée aux acquis technologiques obtenus

1. KOSTINE, Sergueï, RAYNAUD, Eric, *Adieu Farewell*, Paris, Robert Laffont, 2009.

ces dernières années par le cyberespionnage chinois visant les firmes américaines[1].

L'art du sabotage subit la même transformation. Jusqu'à récemment, le sabotage nécessitait le plus souvent des explosifs, et surtout des hommes et femmes capables de les transporter jusqu'à la cible. En 2017, un logiciel malveillant nommé *NotPetya*[2] – ciblant initialement des entreprises en Ukraine – a soudainement paralysé les opérations de plus d'une centaine d'entreprises mondiales : la multinationale française Saint-Gobain, dont le site web et les serveurs de messagerie sont restés hors ligne plusieurs semaines, estime avoir perdu plus de 250 millions d'euros de revenus suite à cette attaque[3]. Mais surtout, les réseaux informatiques permettent aujourd'hui de saboter des systèmes bien plus critiques sans risquer de vie humaine. Nul besoin de manipuler de la dynamite : une simple clé USB, tombée dans les mains d'un employé peu méfiant, suffit pour détruire des centaines de centrifuges nucléaires ultra-sécurisés[4]. Qu'arrivera-t-il le jour où le même procédé sera utilisé

1. Début 2018, l'administration américaine chiffrait les pertes économiques liées au cyberespionnage chinois entre 20 et 30 milliards de dollars.

LEWIS, James A. « *How much have the Chinese actually taken ?* » [en ligne], *Centre for strategic and international studies*, 22 mars 2018. Disponible sur https://www.csis.org/analysis/how-much-have-chinese-actually-taken

2. Nous reviendrons de manière plus précise sur ce virus informatique au chapitre 3.

3. GROS, Maryse, « Saint-Gobain évalue à 250 M€ les dégâts liés à l'attaque NotPetya » [en ligne], *Le monde informatique*, 1er août 2017. Disponible sur https://www.lemondeinformatique.fr/actualites/lire-saint-gobain-evalue-a-250-meteuro-les-degats-lies-a-l-attaque-notpetya-68955.html

4. Nous faisons ici référence au célèbre virus *Stuxnet* élaboré et opéré entre 2007 et 2011 par les services israéliens et américains pour ralentir le programme nucléaire iranien. Voir chapitre 3.

pour compromettre un barrage hydraulique ou le système de navigation d'un avion ?

Quant à la guerre de l'information, elle connaît aujourd'hui son âge d'or. Les opérations d'influence peuvent prendre deux formes : d'un côté, la diffusion d'informations partiellement ou totalement fausses, destinées à manipuler l'opinion publique ; de l'autre, la diffusion d'informations véridiques mais dissimulées car nuisibles à l'autorité d'un état ou d'un responsable politique. L'éventualité de telles opérations était traditionnellement limitée par la disponibilité d'informations compromettantes : les fruits de l'espionnage étant alors trop précieux pour être partagés, les opérations d'influence s'appuyaient le plus souvent sur des fuites provenant de l'intérieur. L'agresseur était également contraint par la capacité à diffuser ces informations chez l'adversaire, les canaux de communication antérieure à Internet étant peu faciles à contrôler. Ces diffusions s'effectuant principalement par la presse, l'information devait être suffisamment importante pour susciter l'intérêt des journalistes. En cas d'information fictive, la mise en scène se devait d'être rigoureuse et élaborée pour tromper leur sens de l'investigation.

L'opération de désinformation montée par Heinrich Himmler, le chef des SS, pour justifier l'entrée en guerre de l'Allemagne nazie contre la Pologne est un exemple emblématique de la première forme de guerre informationnelle. Dans la soirée du 31 août 1939, encadrés par des SS, une douzaine de prisonniers de droit commun allemands en uniformes polonais prirent le contrôle de l'émetteur radio situé à Gleiwitz en Silésie allemande, près de la frontière polonaise. Ils prirent en otage les techniciens et diffusèrent un message en polonais invitant la minorité polonaise de Silésie à prendre les armes contre le régime nazi. Les prisonniers, auxquels les SS avaient promis la liberté en échange de cette mise en scène, furent ensuite drogués puis abattus près de la station. Des journalistes furent convoqués sur place pour témoigner de cette prétendue agression polonaise. Le lendemain, 1er septembre 1939, l'Allemagne nazi prenait prétexte de cette attaque pour déclarer la guerre à la Pologne.

Souvenons-nous d'un autre exemple, figurant cette fois-ci la diffusion d'une information d'importance politique majeure tenue secrète : le rapport Khrouchtchev sur les crimes de Staline présenté le 24 février 1956 au 20e Congrès du Parti communiste de l'Union soviétique. La CIA considère cette publication comme l'un de ses plus grands succès. Pourtant, celle-ci n'aurait pas vu le jour sans un geste volontaire et gratuit de la part d'un journaliste polonais proche de la direction du parti communiste de son pays : par le biais de son amante, il put disposer d'une des rares copies du rapport pendant une poignée d'heures. Marqué par un voyage récent en Israël, il apporta ce rapport à l'ambassade israélienne à Varsovie, où le document fut photographié page par page. C'est ainsi que les Israéliens en obtinrent une copie, qu'après réflexion ils transmirent à la CIA. L'agence américaine le communiqua au *New York Times*, qui le publia le 5 juin

1956, déclenchant une onde de choc au sein du bloc communiste.

Si ces opérations furent efficaces, leurs mises en œuvre furent tout aussi laborieuses que délicates, sinon meurtrières. Le numérique fait fi de ces complications. Il simplifie chaque étape et élimine les intermédiaires. Les réseaux sociaux mettent la guerre informationnelle à la disposition de tous, permettant, outre la récupération massive de données confidentielles, leur diffusion instantanée à n'importe quel bout du globe et un ciblage tel que cette diffusion passe inaperçue aux yeux des autorités. D'après l'enquête interne de Facebook, 126 millions de citoyens américains auraient vu des messages diffusés par des comptes opérés depuis la Russie, mêlant propagande électorale issue des campagnes de certains candidats et pure désinformation. Le récent scandale Cambridge Analytica-Facebook a par ailleurs montré que les techniques d'analyse de données massives (*big data analytics*) permettent aujourd'hui d'identifier de fortes corrélations entre le comportement d'un individu sur les réseaux sociaux, ses préoccupations personnelles et son inclination politique, donnant lieu à des campagnes d'influence d'une efficacité sans précédent. Tandis que les individus qui sèment cette zizanie ne quittent pas le confort de leurs bureaux, l'impact de leurs actions ne reste pas cantonné à la seule sphère numérique : les activistes russes seraient par exemple parvenus à mobiliser et opposer les uns contre les autres plus d'une centaine de manifestants pro- et anti-Islam dans la ville de

Houston en pleine campagne électorale américaine. Tout cela pour la modique somme de 200 $ en publicités Facebook[1].

Furtivité, incertitude quant à l'attribution, effet de réseau, instantanéité, faible coût... toutes ces caractéristiques de la cyberguerre ont trois impacts géostratégiques majeurs dont nous ne percevons actuellement que les contours.

D'une part, ces évolutions bouleversent les rapports de force à l'échelle locale, régionale et mondiale. Le revers dramatique infligé au système politique, civil et militaire américain au cours de la campagne présidentielle de 2016 ne représente que la partie émergée de l'iceberg. De la même manière qu'elles permettent, dans la sphère économique, à de petites start-up de faire face à des multinationales, les technologies de l'information remettent aujourd'hui en cause l'hégémonie américaine, et plus largement l'autorité des états. Elles offrent aux petites puissances ainsi qu'à certains acteurs non-étatiques les moyens de s'attaquer à tout groupe ou institution. C'est ce que nous appelons dans l'ouvrage le « pouvoir égalisateur du numérique », reprenant l'idée du « pouvoir égalisateur de l'atome[2] » à une importante différence près : alors que les armes nucléaires jouent avant tout un

1. FRANCESHI-BICCHIERAI, Lorenzo. « *Russian Facebook trolls got two groups of people to protest each other in Texas* » [en ligne], *Motherboard*, 1er novembre 2017. Disponible sur https://motherboard.vice.com/en_us/article/3kvvz3/russian-facebook-trolls-got-people-to-protest-against-each-other-in-texas

2. Expression que l'on doit aux généraux français d'après-guerre, notamment au Général Pierre Marie Gallois, ayant fortement favorisé le développement des capacités nucléaires françaises permettant une doctrine de « dissuasion du faible au fort ».

rôle dissuasif, le numérique est tout sauf dissuasif – au contraire, il pousse au conflit.

Car d'autre part, le numérique transforme la nature même de la guerre. Dans un monde interconnecté, les murailles sont contre nature. Conjointement, la difficulté d'attribution et la faible violence des cyberattaques – qui à ce jour ne sont la cause directe d'aucune victime – permettent aux agresseurs d'échapper aux mécanismes de dissuasion traditionnels. Cette inversion de la relation de coût entre posture offensive et défensive incite l'agresseur à agir, et ne peut entraîner qu'une escalade continue d'agressions. Résultat : un environnement d'une volatilité sans précédent dans lequel chacun est encouragé à défier son rival, un état de guerre permanent caractérisé par des batailles plus fréquentes et de plus faible intensité, mais qui, par la confusion et les mécanismes de réaction en chaîne, peuvent entraîner une escalade rapide et périlleuse.

En éliminant murs et frontières, le cyberespace remet également en question les concepts de souveraineté nationale et d'intégrité territoriale défendus depuis les traités de Westphalie[1]. En effet, la cyberguerre a la grande originalité de démarrer immédiatement au cœur du pays attaqué. Elle permet de créer des foyers d'insurrection

1. Les traités de Westphalie, signés le 15 mai et le 24 octobre 1648 dans une région allemande du même nom, concluent la guerre de Trente Ans et la guerre de Quatre-Vingts Ans. Ils donnent lieu à une reconnaissance formelle des frontières de nombreux pays européens, et sont à la base du « système westphalien », expression utilisée *a posteriori* pour désigner le système politique international et la souveraineté d'un état sur son territoire.

chez l'adversaire et d'attaquer directement son système de décision politique. Elle partage ainsi nombre d'attributs avec la guerre insurrectionnelle[1], tout en offrant l'avantage fondamental de pouvoir planifier et exécuter ses actions à distance, loin de l'ennemi. Une fois que l'on admet ce parallèle, il devient évident que les états, en particulier les démocraties libérales, ne sont pas équipés pour faire face aux menaces cybernétiques. Le revers américain de 2016 illustre bien l'obsolescence des doctrines de défense occidentales. Des états qui depuis plusieurs décennies n'ont plus l'expérience de se battre sur le territoire intérieur, sont soudainement attaqués sur leur propre sol, sans savoir comment réagir. Leur appareil de défense est entièrement configuré pour mener des conflits à l'étranger, et pour se battre contre des forces organisées. Les services de sécurité intérieurs sont pour leur part dépassés par l'ampleur des attaques de cyberespionnage et cybersabotage, et ne sont ni préparés ni configurés – heureusement certains diraient – pour intervenir de manière massive dans le champ informationnel. Si les membres de l'OTAN ont déjà tant de mal à lutter contre les talibans, qui pour le coup s'appuyaient jusqu'à récemment sur des moyens technologiques assez basiques, comment vont-ils parvenir à contenir des insurrections sur leur propre territoire, menées en majorité par des locaux à leur insu ?

1. Aussi appelée « guerre révolutionnaire ». Terme qui référait dans son contexte de l'époque à des guerres d'indépendance coloniale, des guerres à composante communiste ou marxiste, avec ou non des composantes terroristes, mais qui réfère plus largement à des conflits où un groupe cherche à déstabiliser le pouvoir établi, l'objectif étant de convertir des populations.

Le modèle occidental est donc en crise : dénués de vision stratégique, la connectivité, l'expansion des nouvelles technologies et l'hyper-libéralisme d'Internet, autrefois sources de puissance, deviennent aujourd'hui sources de vulnérabilité. Ce phénomène est en passe de considérablement s'aggraver avec le développement de technologies toujours plus pointues et bon marché. De la même façon que le numérique a bouleversé les moyens d'action stratégique traditionnels, l'intelligence artificielle va profondément altérer la puissance et le champ d'application des moyens numériques. L'utilisation d'algorithmes d'intelligence artificielle démultipliera les impacts déjà décrits et créera de nouvelles vulnérabilités, tout en renforçant la difficulté d'attribution. Cette accentuation exponentielle du risque numérique s'illustre déjà par l'utilisation de « *bots* » pour automatiser la diffusion de fausses informations *via* les réseaux sociaux ou par la disponibilité, en accès libre, d'algorithmes permettant d'insérer un individu dans n'importe quelle vidéo et de lui faire dire ce que l'on souhaite sans que ce détournement soit perceptible par un amateur[1]. Demain, il sera tout à fait vraisemblable d'envisager – sans que ce soit forcément souhaitable – des opérations de cyberespionnage, de

1. Ces vidéos, nommées des « *deepfakes* » (mot-valise formé par la combinaison de l'anglais pour « apprentissage profond » et « trucage »), sont générées à l'aide d'un algorithme qui incruste le visage de n'importe quel individu à partir d'une simple collection de photos de ce dernier.

COLE, Samantha, « Le *fake porn* généré par *machine learning* concerne désormais tout le monde » [en ligne], *Motherboard*, 21 janvier 2018. Disponible sur https://motherboard.vice.com/fr/article/xw4nkk/le-fake-porn-genere-par-machine-learning-concerne-desormais-tout-le-monde

cybersabotage ou de cyberinfluence pilotées de manière complètement autonome, ne nécessitant de la part de l'humain qu'un feu vert. Tout ceci, dans un contexte où les pouvoirs occidentaux – notamment américain – restent sous l'emprise, tant idéologique que financière, de l'industrie du numérique.

Toutefois, une approche par la technique, focalisée sur les moyens cyber, ne saurait ni nous éclaircir sur les dynamiques du conflit actuel, ni anticiper les manières dont ces moyens seront employés dans les années à venir. La cyberdéfense n'a plus vocation à être un débat d'experts en informatique, elle doit devenir l'affaire de tous : politiques, diplomates, militaires, industriels et citoyens. Aussi, pour comprendre les stratégies qui sous-tendent les confrontations numériques que nous vivons, il est important d'en retracer les origines historiques et d'apprécier les faits sans complaisance mais tels qu'ils ont été perçus par les principaux acteurs, au premier chef par la Russie et les États-Unis.

Comment l'émergence du numérique a-t-elle installé un état de guerre permanent ? Quels sont les principes qui gouvernent le « cyber champ de bataille » ? Quelles conséquences sur les rapports de force, et comment les acteurs étatiques et privés tirent-ils parti de ce nouvel environnement dans leurs stratégies ? La guerre numérique conduira-t-elle inévitablement à un retour à la loi de la jungle dans le système international ? Quels sont les moyens de l'éviter ? Telles sont les questions qui sont au cœur de cet ouvrage.

CHAPITRE 1

VU DE MOSCOU
LE RÉGIME RUSSE ASSIÉGÉ

La plus grande erreur de la Russie dans ses relations avec l'Occident est de vous avoir accordé trop de confiance. Votre erreur est d'avoir pris cette confiance pour une faiblesse et d'en avoir abusé. »

VLADIMIR POUTINE,
19 octobre 2017

La Russie est le premier pays à avoir délibérément combiné guerre informatique et guerre de l'information. Elle considère pourtant en avoir été la première victime. On ne peut comprendre la stratégie adoptée par la Russie vis-à-vis du numérique, ainsi que l'importance accordée à celle-ci, sans comprendre son sentiment d'encerclement et sans percevoir l'émergence des menaces cyber telle qu'elle le fut depuis Moscou.

La méfiance croissante exprimée ces dernières années par les dirigeants russes vis-à-vis de l'Occident n'est pas nouvelle. Pendant les années Eltsine, les dirigeants russes ont progressivement ressenti l'humiliation d'être sous protectorat politico-économique des États-Unis. De 1998 à 1999, la guerre du Kosovo envenime les relations entre Moscou et Washington. L'action unilatérale de l'OTAN contre la Serbie[1] est vécue comme une démonstration de l'impuissance géopolitique d'une Russie devenue incapable de protéger ses alliés, et du mépris catégorique de ses intérêts. L'extension graduelle de l'OTAN à l'ensemble des membres

1. Suite à l'éclatement de la Yougoslavie, menée en réponse aux massacres ethniques commis pendant la guerre du Kosovo.

européens de l'ex-pacte de Varsovie – puis jusqu'aux frontières de l'État russe avec l'accession des pays baltes – est quant à elle considérée comme une menace militaire directe.

Une brève lune de miel russo-occidentale se dessine pourtant début 2000, suite à l'élection de Vladimir Poutine à la présidence de la Russie. Le nouveau président s'exprime en faveur d'un amarrage de la Russie à l'Europe, et apporte un soutien politique et logistique immédiat aux opérations américaines en Afghanistan après les attentats du 11 septembre 2001. Vladimir Poutine caresse alors l'espoir de voir s'enclencher un processus permettant à la Russie de rejoindre l'OTAN qui neutraliserait, dans les faits, l'impact de l'extension à l'Est de l'alliance atlantique.

Après des visites quasi-triomphales de Poutine dans les principaux pays occidentaux, marquées par une multiplication d'accords avec des grandes sociétés énergétiques américaines, britanniques et françaises, le président russe commence pourtant à déchanter dès 2002. L'opposition des pays de l'Est et le scepticisme des élites politico-militaires américaines conduisent le Président Bush à repousser sine die l'entrée de la Russie dans l'OTAN en offrant comme lot de consolation la création d'un forum permanent de dialogue, le Conseil OTAN Russie.

Toutefois, le grand tournant se produit en 2003 avec l'invasion américaine de l'Irak, pays dans lequel la Russie avait conservé des intérêts importants. L'opération est lancée sans tenir compte de l'opposition de trois membres permanents du Conseil de sécurité de l'ONU – la Russie, la Chine et la

France – et sans aucun mandat des Nations-Unies. Lorsque le prétexte utilisé pour justifier l'invasion de l'Irak – à savoir, la présence d'armes de destruction massive – se trouve rapidement démenti par les propres investigations américaines dans le pays, une nouvelle motivation est avancée au plus haut niveau du gouvernement américain. Le 6 novembre 2003, le Président Bush proclame l'adoption « d'une nouvelle politique de promotion de la liberté » visant l'instauration de la démocratie en Irak et, à terme, dans tout le Moyen-Orient[1]. « Les soixante années d'accommodements de l'Occident face à l'absence de liberté au Moyen-Orient n'ont rien fait pour notre sécurité », dit-il, « car la stabilité ne saurait s'acheter au prix de la liberté. » Pour l'administration américaine, la défense de la sécurité nationale et la mise en place de régimes démocratiques ne font plus qu'un. S'enjoignent des menaces à peine voilées envers multiples dirigeants étrangers de la région et au-delà :

> L'établissement d'un Irak libre au cœur du Moyen-Orient enverra le message de Damas à Téhéran que la liberté peut être l'avenir de toute nation… Notre engagement pour la démocratie est aussi mis à l'épreuve en Chine… mais le peuple de Chine finira par exiger une liberté totale et entière. La Chine a découvert que la liberté économique conduit à la richesse nationale… Un jour ou l'autre, les hommes et les femmes qui ont le droit de contrôler leur propre richesse exigeront également de contrôler leur propre vie et leur propre pays.

1. National Endowment For Democracy, *"Remarks by President George W. Bush at the 20th anniversary of the national endowment for democracy"* [en ligne], 2003. Disponible sur https://www.ned.org/remarks-by-president-george-w-bush-at-the-20th-anniversary/

Cette déclaration ne pouvait manquer d'être remarquée par les dirigeants russes, d'autant plus que George Bush tient ses propos au *National Endowment for Democracy* (NED), organisme qu'ils ont toujours regardé d'un œil suspicieux. Enregistré en tant qu'organisme à but non-lucratif, le fonds est en réalité une extension du Département d'État mise sur pied en 1983 par l'administration de Ronald Reagan sous pression du Congrès, soucieux d'apporter plus de transparence aux opérations d'influence controversées menées jusqu'alors clandestinement par la CIA[1]. La structure du NED permet toutefois de maintenir une certaine discrétion autour des activités du gouvernement américain à l'étranger. Financé dans sa quasi-totalité par le gouvernement américain au travers de son agence d'aide au développement (USAID), le budget du NED doit être approuvé chaque année par le Congrès. L'organisation redistribue la moitié de l'argent à quatre autres organismes créés au même moment : l'Institut national démocrate (NDI), présidé depuis 2001 par l'ancienne secrétaire d'État démocrate Madeleine Albright[2] ; l'Institut républicain international (IRI), présidé par le sénateur républicain John McCain de 1993 jusqu'à son décès en août 2018 ; le Centre américain pour la solidarité internationale du travail (ACILS), organisme d'appui aux

1. IGNATIUS, David, *"Innocence abroad: the new world of spyless coups"* [en ligne], *The Washington Post*, 22 Septembre 1991. Disponible sur https://www.washingtonpost.com/archive/opinions/1991/09/22/innocence-abroad-the-new-world-of-spyless-coups/92bb989a-de6e-4bb8-99b9-462c76b59a16/?utm_term=.9c38d958c58b

2. L'ancienne secrétaire d'État de Bill Clinton avait déjà été nommée Vice-Présidente du NDI lors de sa création en 1983.

mouvements syndicalistes ; et le Centre international de l'entreprise privée (CIPE), organisme prônant l'économie de marché et le libre-échange. L'autre moitié est directement envoyée à des associations caritatives, organes de presses, confédérations d'entreprises ou syndicats basés à l'étranger et œuvrant dans le sens des objectifs du NED.

Le caractère hautement politique des activités sponsorisées par le NED n'est un secret pour personne. Dès 1985, la mise à nu de financements secrets en France fait scandale. En collaboration avec le *New York Times*, le journal *Libération* révèle qu'au travers de l'ACILS, l'administration américaine versait des fonds importants au syndicat Force ouvrière (FO), ainsi qu'à l'Union Nationale Interuniversitaire (UNI), syndicat étudiant entretenant des liens étroits avec l'extrême droite de l'époque, pour protester contre la politique de François Mitterrand[1]. Au total, 830 000 dollars avaient été alloués à FO, et 575 000 dollars[2] pour l'UNI, sans que ces donations ne soient détaillées dans les rapports d'activité des organismes américains, et ce avec l'accord tacite de la commission des affaires étrangères de la chambre basse du Congrès. Une partie des fonds avaient notamment servi à placarder des affiches critiquant le gouvernement socialiste dans les rues de Paris[3]. Suite

1. RICHE, Pascal, « Le NED ou l'a(r)gent de la liberté » [en ligne], *Libération*, 12 mars 2005. Disponible sur https://www.liberation.fr/evenement/2005/03/12/le-ned-ou-l-argent-de-la-liberte_512662

FRANKLIN, Ben A. « *Democracy project facing new criticisms* » [en ligne], *The New York Times*, 4 décembre 1985. Disponible sur https://www.nytimes.com/1985/12/04/us/democracy-project-facing-new-criticisms.html

2. Ce qui en 2018 représenterait un total de 2,3 millions de dollars.

3. Le représentant international de l'ACILS, Irving Brown, estimait dans un entretien à l'époque que la France restait un « terrain de lutte pour la démocratie ».

à ces révélations, plusieurs élus américains réclamèrent la dissolution de la NED. « L'affaire française, déclara l'un d'entre eux, requiert que les citoyens américains se demandent comment ils réagiraient s'ils apprenaient que le gouvernement français donnait des millions de dollars à des organisations américaines pour faire opposition aux politiques de Ronald Reagan ».

Bien que le NED ait quelque peu évolué lorsque Bush prononce son discours fin 2003, ses déclarations appelant à promouvoir la démocratie par le changement de régime – idée centrale des néoconservateurs de la Maison-Blanche de l'époque – apparaissent, sans surprise, comme une menace pour les responsables russes. Celle-ci est d'autant plus prise au sérieux que, depuis plusieurs mois déjà, les médias occidentaux et diverses ONG ne cessent de dénoncer « l'autoritarisme du régime russe ». Certaines de ces ONG ont comme objet principal de favoriser la mise en œuvre de la démocratie libérale dans l'ensemble des pays de l'ex-Union soviétique. C'est par exemple le cas, à droite de l'échiquier politique américain, du *Project on Transitional Democracies* présidée par Bruce Jackson, qui avait déjà joué un rôle très important dans le lobbying pour l'extension à l'est de l'OTAN et, à gauche, de l'*Open Society Foundation* dirigée par le milliardaire hongro-américain George Soros. L'arrestation en octobre 2003 de l'oligarque Mikhaïl Khodorkovski, qui avait flirté à la fois avec ces ONG ainsi qu'avec les grands patrons du secteur de l'énergie américain, auxquels il envisageait de vendre une part importante de son groupe pétrolier Ioukos, entraînera immédiatement une large vague de critiques dans la presse occidentale, dénonçant une violation des droits de l'homme.

C'est dans ce contexte que survient, début novembre 2003, la « révolution des roses » géorgienne, première d'une longue série d'évènements perçus comme des tentatives d'influence et d'ingérence occidentales, en particulier américaines, dans les affaires intérieures de la Fédération russe et de ses voisins. Au moins six autres épisodes vont contribuer à développer la défiance du Kremlin vis-à-vis des États-Unis : les « révolutions de couleurs » en Ukraine et au Kirghizstan, la vague des « printemps arabes », les manifestations post-électorales de 2011 en Russie, la loi Magnitski, la révolte ukrainienne de 2014 et les sanctions économiques qui lui furent associées et, enfin, la publication des Panama Papers en 2016. Prenons donc le temps de revenir sur chacun de ces évènements.

En Géorgie, la contestation éclate à la suite d'élections législatives tenues le 2 novembre 2003. Vingt jours de manifestations non-violentes contestant l'honnêteté du scrutin et appuyées de pressions extérieures – notamment de la part de représentants de l'OSCE et de ses pays membres – provoquent la démission du Président Edouard Chevardnadze le 23 novembre. Figure réformatrice de l'URSS sous Gorbatchev ayant ensuite joué un rôle important dans la reconfiguration géopolitique post-soviétique, Chevardnadze était resté proche de Moscou. De nouvelles élections sont organisées en janvier de l'année suivante. Mikheil Saakashvili, tête d'affiche de l'opposition et icône de cette « révolution des roses », remporte l'élection présidentielle sans contestation avec 96,2 % des voix. Son gouvernement est doté d'une large majorité parlementaire deux mois plus tard. Le nouveau régime prend immédiatement position pour une intégration de la Géorgie dans l'OTAN et se rapproche de l'Occident sur le plan économique. La Russie – qui, souhaitant éviter tout risque d'instabilité en Géorgie, pays frontalier de la Tchétchénie, était vite intervenue pour organiser un dialogue entre le Président Chevardnadze et ses opposants – ne manque pas de voir la main des États-Unis dans ce bouleversement politique. Le gouvernement américain, le NED, et la nébuleuse d'ONG américaines ne cachent d'ailleurs pas leur soutien logistique et diplomatique aux mouvements œuvrant pour la mise en place de « sociétés plus ouvertes » – conforme aux attentes de leurs électeurs et donateurs. L'*Open Society Foundation* joue un rôle particulièrement important dans la coordination du mouvement contestataire, calquant et formant les étudiants du mouvement géorgien *Kmara !* sur le modèle du syndicat étudiant *Otpor !* qui, quatre ans plus tôt, avait joué un rôle central dans le renversement de Slobodan Milosevic en Serbie. Comme l'expliquera plus tard l'ex-diplomate française Salomé Zourabichvili, nommée furtivement ministre des Affaires Étrangères du gouvernement Saakashvili en 2004 avant de le quitter en 2005 en dénonçant l'absence de contre-pouvoirs :

> Toutes les ONG qui gravitaient autour de la fondation Soros ont indéniablement porté la révolution. On ne

peut pas pour autant arrêter l'analyse à la révolution et on voit clairement que, après, la fondation Soros et les ONG ont été intégrées au pouvoir. Elles ont abandonné l'idée d'être un contre-pouvoir et ont laissé la société géorgienne encore plus démunie qu'à l'époque Chevardnadze[1].

Quelques mois plus tard, la « révolution orange » ukrainienne s'organise sur le même modèle. Le 21 novembre 2004, l'annonce des résultats du deuxième tour de l'élection présidentielle du pays, entachés de soupçons de fraude, entraîne l'émergence d'un large mouvement populaire contestant la prétendue défaite du candidat libéral Viktor Iouchtchenko face au candidat héritier du pouvoir sortant, Viktor Ianoukovytch. Portée par la campagne de l'opposition et par les mouvements étudiants, eux aussi formés et financés par l'*Open Society Foundation* et déjà actifs depuis plusieurs mois, la mobilisation qui s'ensuit est sans précédent en Ukraine : plus d'un demi-million de citoyens sont recensés dans les rues de Kiev jour après jour, malgré l'hiver qui s'installe. Finalement, la Cour Suprême invalide le résultat du scrutin et ordonne que le deuxième tour de l'élection soit réorganisé le 26 décembre 2004. Iouchtchenko est déclaré vainqueur par la commission électorale officielle avec 51,99 % des voix[2]. Michael McFaul, professeur à l'université Stanford, écrira en 2005 que la campagne et

1. « La Révolution des roses dans l'impasse », entretien avec Salomé Zourabichvilii [en ligne], *Hérodote*, 2 008/2, n° 129, p. 101-108. DOI : 10.3917/her.129.0101. Disponible sur https://www.cairn.info/revue-herodote-2008-2-page-101.html

2. *Central Election Commision*. « *Results of voting in Ukraine* » [en ligne], 30 août 2017. Disponible sur http://www.cvk.gov.ua/pls/vp2004/wp0011e

révolte populaire ayant porté Viktor Iouchtchenko au pouvoir semblent être la première à s'être organisée principalement en ligne ainsi qu'à s'être appuyé de manière significative sur des médias indépendants aux modestes moyens, diffusés uniquement *via* Internet, pour rallier de nouveaux soutiens[1]. Son gouvernement entame un rapprochement avec l'Union européenne et l'OTAN, mais sa marge de manœuvre politique se réduit rapidement : l'opinion publique reste très divisée et son parti perd les législatives contre celui de son rival Ianoukovytch moins de deux ans plus tard. Ce dernier remportera la présidence en 2010 et sera destitué lors d'une nouvelle révolte en 2014, à laquelle nous reviendrons plus tard.

Début 2005, c'est au tour du Kirghizstan de connaître un soulèvement populaire. La « révolution des tulipes » naît de la contestation des résultats de l'élection législative de mars 2005, dénoncés comme frauduleux par les observateurs de l'OSCE. Au bout de plusieurs semaines de contestation, le Président Askar Akayev décide de s'enfuir. Il se réfugie à Moscou et est contraint de démissionner. L'opposition forme rapidement un nouveau gouvernement. Cependant l'instabilité se poursuit, faisant plusieurs victimes parmi les civils[2]. Lors des législatives organisées quatre mois plus tard, de nombreuses

1. Michael McFaul sera ensuite nommé ambassadeur des États-Unis à Moscou par Barack Obama en 2012.

"Transitions from postcommunism" [en ligne], *Journal of Democracy*, 2005 / 3, n ° 16, p. 5–19. Disponible sur https: / / www.journalofdemocracy.org / sites / default / files / McFaul-16-3.pdf

2. SMITH, Craig S. *"US helped to prepare the way for Kyrgzystan's uprising"* [en ligne], *The New York Times*, 30 mars 2005. Disponible sur https: / / www.nytimes.com / 2005 / 03 / 30 / world / asia / us-helped-to-prepare-the-way-for-kyrgyzstans-uprising.html

instances de fraude électorale sont à nouveau constatées, mais l'OSCE et les États-Unis ne remettent pas en cause la large victoire du milliardaire Kourmanbek Bakiev. L'ancien dirigeant de l'opposition, qui dans un premier temps occupe à la fois les postes de Président et Premier ministre, est vite entaché par de nombreuses histoires de corruption, tandis que son gouvernement est accusé de discriminations envers les minorités russes du pays. Il sera lui-même renversé par un nouveau mouvement de contestation en 2010.

Outre leur adoption immédiate d'une couleur et d'une fleur comme symboles, ces mobilisations partagent un ensemble de caractéristiques qui n'échappe pas aux Russes : elles émergent à la suite d'une élection dont l'honnêteté est remise en cause par des observateurs locaux et internationaux – principalement l'OSCE ; elles visent un changement de régime politique dans les anciens satellites de l'URSS en dénonçant l'autoritarisme et la corruption du pouvoir en place ; les mouvements étudiants et les ONG formés et financés depuis l'étranger jouent un rôle prépondérant dans la coordination de la mobilisation, s'appuyant fortement sur de nouveaux outils numériques ; et enfin, leurs messages sont fortement relayés dans la presse occidentale et la presse en ligne émergeant à l'époque. Mais surtout, les Russes y voient en pratique une tentative de délégitimer puis de remplacer les dirigeants poursuivant une politique contraire aux intérêts politiques et économiques américains, bien plus que la poursuite d'un agenda pro-démocratie.

Intervenant en 2014, le ministre de la Défense russe Sergei Choïgu caractérisera ces révoltes de « nouvelles formes de guerres ». Il juge que dans le cas des soi-disant « révolutions de couleur », « les problèmes socio-économiques de certains pays sont utilisés comme excuse pour remplacer des gouvernements menant une politique promouvant l'intérêt national par des régimes contrôlés depuis l'étranger. Ces régimes offrent à leurs parrains un accès sans entrave aux ressources de leur pays[1]. »

Le régime russe voit dans ces tentatives d'ingérence et de changement de régime deux risques majeurs pour sa sécurité nationale. D'une part, ils perçoivent de manière évidente le risque d'une perte de puissance brute : diminution de leur sphère d'influence politique et culturelle, rupture de leurs partenariats commerciaux et isolation de l'économie russe. D'autre part, les Russes estiment que plus qu'un véritable changement de régime dans l'intérêt des peuples, ces ingérences engendrent surtout une forte instabilité dans la région eurasiatique, terreau fertile à l'émergence de groupes terroristes contre lesquelles la Russie juge être en première ligne.

Vus de Moscou, les printemps arabes ne sont qu'une prolongation des révolutions de couleur. Surpris comme tous de l'ampleur brusquement prise par les manifestations qui en moins d'un mois entraînent la chute du gouvernement tunisien début 2011, le régime russe accueille

1. NPR, « *Are 'color revolutions' a new front in US-Russia tensions* » [en ligne], 12 juin 2014. Disponible sur https://www.npr.org/2014/06/12/321392873/are-color-revolutions-a-new-front-in-u-s-russia-tensions?t=1539432907509

les contestations et les souhaits de réformes exprimés par les mouvements populaires avec prudence. À l'époque, Dmitri Medvedev cultive son image de président moderne et libéral pour tenter de se démarquer de Poutine en vue des élections fédérales de l'année suivante. Souhaitant s'attirer les faveurs des dirigeants occidentaux, il s'aligne dans un premier temps derrière les appels à une transition vers des régimes plus démocratiques. Sans condamner les mouvements, son discours au forum de Davos de janvier 2011 avertit toutefois du risque que la déstabilisation des régimes en place engendre le chaos, thème central de la politique étrangère russe :

> Ce qui est arrivé en Tunisie est une leçon importante pour les gouvernements du monde entier. [...] Les dirigeants ne doivent pas se reposer sur leurs lauriers, se détendre dans leurs fauteuils, ils doivent évoluer avec la société. [...] Lorsque les gouvernements manquent de répondre aux attentes des peuples, la désorganisation et le chaos s'ensuivent, malheureusement. [...] J'espère que la situation en Tunisie se stabilisera et ne nuira pas à la situation globale dans le monde arabe[1].

Cependant, le régime russe devient vite plus critique face à la tournure des évènements. Là où le monde voit une utilisation spontanée des réseaux sociaux permettant aux peuples de faire face aux états autoritaires et à leur appareil de censure, les analystes russes perçoivent vite

1. President of Russia, *"Dmitry Medvedev addressed the world economic forum in Davos"* [en ligne], 26 janvier 2011. Disponible sur http://en.kremlin.ru/events/president/news/10163

une face plus sombre : un outil de déstabilisation échappant à tout contrôle étatique, et un canal permettant de manipuler des mouvements de masse en y distribuant des informations orientées. L'initiative *21st Century Statecraft* qui avait été annoncée en trombe par Hillary Clinton lors de son arrivée au Département d'État début 2009 prend alors tout son sens. Ce programme, dont le nom ambigu se traduit à la fois par « l'art de la gouvernance » et « la fabrication de l'État » au XXIe siècle, visait à utiliser les nouvelles technologies pour créer un lien direct entre l'État américain et la population de pays étrangers afin de promouvoir la politique étrangère des États-Unis sans avoir à passer par le gouvernement local[1]. L'initiative affichait également comme objectif de faciliter l'utilisation de ces technologies pour favoriser la liberté d'expression et accélérer l'émergence de régimes démocratiques. L'approche est « disruptive », dirait-on aujourd'hui.

Alors que les mouvements contestataires s'étendent au Proche et Moyen-Orient, la presse britannique révèle que le Pentagone américain a passé un marché avec NTrepid, une firme technologique californienne, pour développer « un service de gestion de personnalités virtuelles en ligne » permettant à des soldats de l'armée américaine de contrôler jusqu'à dix fausses identités numériques. Le contrat stipule que chaque faux alias numérique doit avoir un profil et des antécédents crédibles, et que l'outil doit permettre à 50 militaires d'opérer leurs fausses

1. KOENIG, Robert, *"Using 'social diplomacy' to reach Russians"* [en ligne], *The Foreign Service Journal*, janvier/février 2014. Disponible sur http://www.afsa.org/using-social-diplomacy-reach-russians

identités « sans crainte d'être repérés ou identifiés par des adversaires même sophistiqués ».[1] L'armée américaine envisage d'utiliser l'outil pour inonder les forums et réseaux sociaux de messages en arabe, farsi, pachto et ourdou légitimant la présence et la politique étrangère des États-Unis au Moyen-Orient. L'opération militaire à laquelle l'outil est destiné, baptisée *Operation Earnest Voice* (« Opération parole sincère » !), et dont le budget dépasse les 200 millions de dollars, est immédiatement comparée aux tentatives chinoises de contrôle de l'opinion publique.

Pour les dirigeants russes, il n'y a plus aucun doute : le gouvernement américain instrumentalise la vague de printemps arabes en promouvant et facilitant l'utilisation des moyens numériques, avec l'appui technique et idéologique des entreprises de la Silicon Valley. Pire, il n'hésiterait pas à utiliser ces technologies pour fausser l'opinion publique et inciter les citoyens de pays étrangers à suivre la ligne politique favorisée par les États-Unis. Dans un entretien donné au *Wall Street Journal* en février 2011, Igor Sechin, loyal second de Vladimir Poutine, fustige « les cadres de Google » qu'il accuse d'avoir « manipulé l'énergie du peuple » en Égypte[2]. Ses attaques visent notamment Wael Ghonim, à l'époque directeur commercial de Google en

1. À l'époque, le *Guardian* ne manque pas de noter que « *the discovery that the US military is developing false online personalities – known to users of social media as "sock puppets" – could also encourage other governments, private companies and non-government organisations to do the same.* »

FIELDING, Nick, COBAIN, Ian, *"Revealed: US spy operation that manipulates social media"* [en ligne], *The Guardian*. Disponible sur https://www.theguardian.com/technology/2011/mar/17/us-spy-operation-social-networks

2. « *Look what they have done in Egypt, those highly-placed managers of Google, what manipulations of the energy of the people took place there.* »

Afrique du Nord et au Moyen-Orient, qui avait joué un rôle prépondérant dans la coordination des mobilisations citoyennes *via* les réseaux sociaux. Ses actions furent saluées publiquement sur Twitter par son employeur le lendemain de la démission d'Hosni Mubarak[1]. Selon le major-général russe Vladimir Ovchinsky, une réception aurait même été organisée quelques jours plus tard par la Maison-Blanche pour célébrer cette « victoire » en compagnie des dirigeants de Facebook, Google, Twitter, Yahoo !, Netflix et Oracle. D'après Ovchinsky, l'équipe du Président Barack Obama ne faisait qu'étendre le champ d'application des outils numériques développés pour sa propre campagne de 2008[2].

Au même moment, les analystes russes perçoivent, comme beaucoup d'autres, le risque que l'instabilité et le vide de pouvoir profitent davantage aux forces extrémistes, notamment aux groupes islamistes radicaux, qu'à l'établissement d'une réelle démocratie. Fin février 2011, le Président russe alerte sur les conséquences de la « désintégration de grands états fortement peuplés » au Moyen-Orient qui, selon lui, pourraient « entraîner l'ascension de fanatiques au pouvoir », engendrant alors « des décennies de lutte incendiaire et une expansion de l'extrémisme. »[3]

Reuters, « *Russia blames Google for stirring Egypt unrest-WSJ* » [en ligne], 22 février 2011. Disponible sur https://af.reuters.com/article/algeriaNews/idAFLDE71L0DW20110222

1. https://twitter.com/google/status/36521734542868480

2. CARR, Jeffrey, *"Inside cyber warfare: mapping the cyber underworld"*, 2ᵉ édition, Sebastopol, Californie, O'Reilly Media, 2011.

3. Discours à Vladikavkaz. President of Russia, *"Dmitry held a meeting of the National Anti-Terrorism Committee in Vladikvakaz"* [en ligne], 22 février 2011. Disponible sur http://en.kremlin.ru/events/president/news/10408

Il tient ces déclarations pendant son déplacement à Vladikavkaz dans la région du Caucase, elle-même en proie à la violence d'islamistes radicaux depuis la chute de l'URSS. Le choix du lieu n'est pas anodin. La Russie s'estime, à juste titre, considérablement plus vulnérable que les États-Unis et que les pays européens aux retombées d'une déstabilisation du Moyen-Orient, et particulièrement à l'émergence d'une menace islamiste. Le pays n'a d'ailleurs ni suspendu sa coopération avec l'OTAN dans la lutte contre le terrorisme, ni les accords permettant aux pays membres de survoler la Russie pour ravitailler leurs troupes en Afghanistan, lorsque le reste des échanges étaient au point mort en 2008[1]. Son positionnement géographique l'expose directement au retour de combattants radicalisés : entre 2012 et 2017, près de 5 000 citoyens russes ont rejoint les différentes factions djihadistes présentes en Syrie, faisant de la Russie le premier exportateur de soldats étrangers dans le conflit[2]. Les zones de non-droit apparaissant dans la région risquaient également de servir de base arrière aux indépendantistes russes de Tchétchénie et du Daghestan. Leur manque d'enthousiasme face aux printemps arabes est donc pour le moins concevable – leurs prédictions concernant l'instabilité

1. ZECCHINI, Laurent, « Moscou continue de coopérer avec l'OTAN sur l'Afghanistan et l'UE sur le Tchad » [en ligne], *Le Monde*, 12 septembre 2008. Disponible sur https://www.lemonde.fr/europe/article/2008/09/12/moscou-continue-de-cooperer-avec-l-otan-sur-l-afghanistan-et-l-ue-sur-le-tchad_1094462_3214.html

2. RATELLE, Jean-François, « Le retour des combattants étrangers nord-caucasiens : une menace à la sécurité de la Russie ? » [en ligne], *Science Po*, octobre 2017. Disponible sur https://www.sciencespo.fr/enjeumondial/fr/odr/le-retour-des-combattants-etrangers-nord-caucasiens-une-menace-la-securite-de-la-russie#footnote1_wyo6mnf

qui en résulterait s'étant révélés, dans l'ensemble, plutôt correctes.

Medvedev conclut son intervention fermement. « Aucun des scénarios tels qu'ils se produisent au Moyen-Orient n'aura lieu en Russie. [...] Ils nous avaient déjà préparé un tel scénario. Maintenant ils vont essayer de le mettre en pratique, mais ce scénario ne réussira pas[1]. » Le président russe ne précise pas à qui il se réfère par « ils », mais tout le monde comprend le message. En Tunisie, en Égypte, en Libye, au Bahreïn et enfin en Syrie, les Russes discernent la main de pays étrangers visant à promouvoir leurs propres intérêts. Plus spécifiquement, ils y voient une ingérence calculée des Américains, voilée derrière la promotion de la liberté d'expression et opérée à distance afin d'éviter les erreurs de la guerre d'Irak.

Quelques mois plus tard, l'intervention de l'OTAN en Libye – qui de leur point de vue abuse largement du mandat humanitaire approuvé au Conseil de sécurité de l'ONU – convainc les proches de Poutine que les pouvoirs occidentaux profitent ouvertement des mouvements d'opposition pour régler leurs comptes avec les dirigeants qu'ils jugent dangereux et provoquer des changements de régime. Poutine – qui depuis 2008 respectait son mandat de Premier ministre de manière relativement scrupuleuse, laissant la politique étrangère à la discrétion du Président Medvedev – qualifie l'intervention occidentale de « croisade médiévale » dès le lendemain

1. CARR, Jeffrey, *"Inside cyber warfare: mapping the cyber underworld"*, 2e édition, Sebastopol, Californie, O'Reilly Media, 2011.

du vote au Conseil de sécurité. Furieux de voir l'OTAN triompher de Kadhafi sept mois plus tard, il reprochera en privé à Medvedev d'avoir contribué à son lynchage en s'abstenant lors du vote[1].

C'est alors qu'un nouveau front s'ouvre entre Moscou et Washington. Lorsque Russie Unie, le parti politique de Poutine et Medvedev, ressort légèrement affaibli mais gagnant des élections législatives russes du 4 décembre 2011, un mouvement de contestation sans précédent surgit à travers toute la Russie. Les manifestants sont animés par des soupçons de manipulation électorale et par la frustration face à un retour au pouvoir de Poutine, qui se prépare alors pour l'élection présidentielle prévue trois mois plus tard. À Moscou, la mobilisation croît de manière exponentielle. De quelques dizaines de personnes le soir des résultats, elle dépasse 5 000 manifestants le lendemain pour atteindre plus de 60 000 personnes une semaine suivante. Une ampleur jamais vue depuis la chute de l'URSS. Qui plus est, la contestation s'étend et perdure jusqu'aux élections présidentielles, atteignant l'ordre de 120 000 manifestants en février 2012.

Durant ses deux premiers mandats, Poutine avait fait face à plusieurs manifestations et à son lot de critiques en ligne qu'il tolérait assez librement, car elles ne menaçaient pas fondamentalement sa légitimité. Mais les manifestations de 2011 sont beaucoup plus alarmantes. Les dirigeants russes y retrouvent toutes les composantes

1. ZYGAR, Mikhail, *"All the Kremlin's men: inside the court of Vladimir Putin"*, New York, Public Affairs, 2016, chapitre 12.

du « modus operandi » utilisé pendant les révolutions de couleur : le mouvement naît à partir d'une élection contestée qui mobilise tous les pans de l'opposition ; la contestation se fonde sur les accusations de fraudes de l'OSCE et est animée par une nébuleuse de syndicats étudiants et d'ONG locales soutenues par l'État américain, par des think tanks étrangers ou par la fondation Soros ; Twitter, Facebook et son équivalent russe VKontakte créent un effet boule de neige, facilitant la mobilisation et la diffusion d'informations dans tout le pays[1]. Le phénomène est amplifié par les médias internationaux qui reprennent en boucle les images et revendications des manifestants. Enfin, plusieurs dirigeants américains déclarent ouvertement leur soutien aux manifestants. Depuis Washington, deux voix se distinguent en particulier. Premièrement, celle d'Hillary Clinton, alors secrétaire d'État, qui demande immédiatement la création d'une commission d'enquête pour examiner les allégations de fraude[2]. Une telle déclaration est un affront pour la Russie : Clinton, qui à l'époque n'aurait jamais osé s'immiscer d'une telle manière dans les affaires de pays membres de l'UE, ni même de la Turquie ou de la Chine, démontre ici que la Russie est perçue comme un pays de second rang. De l'autre côté de l'échiquier politique américain vient s'ajouter la voix du sénateur John McCain,

1. ELDER, Miriam, *"Russias fight Twitter and Facebook over Putin election"* [en ligne], *The Guardian*, 9 décembre 2011. Disponible sur https://www.theguardian.com/world/2011/dec/09/russia-putin-twitter-facebook-battles

2. LABOTT, Elise, « *Clinton cites 'serious concerns' about Russian election* » [en ligne], *CNN*, 7 décembre 2011. Disponible sur https://edition.cnn.com/2011/12/06/world/europe/russia-elections-clinton/

représentant de la frange interventionniste, anti-Poutine, du parti républicain. Il n'hésite pas à faire le parallèle entre les printemps arabes et le mouvement qui anime les rues de Moscou et interpelle Poutine sur Twitter, insinuant qu'il sera le prochain autocrate à tomber[1].

Sans surprise, les dirigeants russes perçoivent ces manifestations comme une offensive américaine sur son territoire et dans les affaires intérieures russes, estimant qu'une minorité bruyante de la société civile a été transformée en arme. Pour eux, c'est indéniable : les Américains veulent leur peau. Toutefois, la tentative échoue largement, en partie à cause des mesures répressives du gouvernement, mais aussi de divisions internes. Celles-ci empêchent l'opposition de présenter un front uni face à Poutine, qui remporte 63,6 % des voix au premier tour selon les résultats officiels – et 50,26 % des voix selon l'estimation la plus pessimiste, effectuée et publiée par l'ONG Golos[2]. Il n'empêche que le mal est fait : avec ses déclarations et le rôle phare que les Russes imputent au Département d'État dans l'organisation des manifestations, Hillary Clinton devient la femme à abattre. Les faucons du parti républicain doivent eux aussi être surveillés.

Fin 2012, la rivalité entre Poutine et les élites politiques américaines prend une tournure encore plus personnelle avec la promulgation de l'acte Magnitski. Cette loi du Congrès américain vise à sanctionner les individus

1. https://twitter.com/senjohnmccain/status/143689929975799809?lang=en

2. NICHOL, Jim, *"Russia's march 2012 presidential election: outcome and implications"* [en ligne], *Congressional research service*, 14 mars 2012. Disponible sur https://fas.org/sgp/crs/row/R42407.pdf

soupçonnés d'avoir participé au décès de Serguei Magnitski. L'avocat avait été emprisonné en 2008 après avoir découvert et dénoncé publiquement un vaste réseau de corruption et de fraude fiscale orchestré par des fonctionnaires russes dans le cours de son travail pour Bill Browder, un homme d'affaires un temps proche du Kremlin devenu *persona non grata* en Russie. Accusé d'avoir lui-même fraudé pour le compte de Browder, Magnitski est arrêté et emprisonné. Privé d'aide médicale, il meurt en prison un an plus tard. La loi américaine portant son nom se transformera à partir de 2016 en un dispositif permettant à l'État américain de sanctionner toute personne étrangère présumée coupable d'enfreinte aux droits de l'homme ou de corruption, où que ce soit dans le monde[1]. Si, aux États-Unis, une lecture manichéenne de type « gentils contre méchants » l'a emporté, le pouvoir russe considère que l'affaire Magnitski est une affaire strictement intérieure. De leur point de vue, les sanctions relèvent donc de l'ingérence pure et simple.[2]

Alors que le « *reset* » des relations russo-américaines un temps souhaité par l'administration Obama semble déjà révolu, les hostilités atteignent un pic avec la révolution

1. À date, le gouvernement a sanctionné 76 individus et entités sous le « Global Magnistky Act ». Dans le seul mois de juin 2018, le gouvernement américain a sanctionné le commandant de la garde républicaine du Cambodge pour abus des droits de l'homme, un sénateur de République dominicaine pour corruption aggravée, et 14 entités commerciales associées au milliardaire israélien Dan Gertler pour « corruption et opérations commerciales opaques » en République Démocratique du Congo.

Voir https://home.treasury.gov/news/press-releases/sm0417

2. VITKINE, Benoît, « L'affaire Magnitski en Russie : des relents de guerre froide » [en ligne], *Le Monde*, 9 mars 2018. Disponible sur https://www.lemonde.fr/international/article/2018/03/09/l-affaire-magnitski-en-russie-des-relents-de-guerre-froide_5268197_3210.html

ukrainienne de 2014. À l'époque, l'Union européenne et la Russie tentent toutes les deux de signer des accords de libre-échange avec l'Ukraine en promettant des crédits toujours plus élevés, vantant les mérites de chacun par médias interposés. Lorsque le Président ukrainien Viktor Ianoukovytch annonce en novembre 2013 qu'il abandonne les discussions avec l'UE pour accepter l'offre de la Russie, des manifestations éclatent à Kiev. Les membres du mouvement *Euromaïdan*[1] se créent immédiatement une présence importante sur les réseaux sociaux pour coordonner les manifestations, contourner les forces de police, rallier de nouveaux soutiens et s'attirer la sympathie de l'opinion publique occidentale[2]. Les sénateurs américains John McCain et Chris Murphy viennent alors rendre visite aux manifestants. Début décembre, plus de 300 000 personnes sont présentes dans les rues de la capitale et contrairement aux attentes, les manifestants restent fortement mobilisés dans les mois qui suivent. Le 6 février 2014, la publication d'un échange téléphonique entre la Secrétaire adjointe aux affaires européennes des États-Unis et l'ambassadeur américain en Ukraine démontre que le gouvernement américain étudie comment faciliter la prise du pouvoir par l'opposition[3]. Le

1. Nommé ainsi en raison de son combat pro-européen et du lieu de rassemblement des manifestations, le Maidan Nezalezhnosti (Square de l'indépendance) de Kiev.

2. ONUCH, Olga, "Social media and social networks" [en ligne], *The Washington Post*, 2 janvier 2014. Disponible sur https://www.washingtonpost.com/news/monkey-cage/wp/2014/01/02/social-networks-and-social-media-in-ukrainian-euromaidan-protests-2/

3. NPR, « *Are 'color revolutions' a new front in US-Russia tensions* » [en ligne], 12 juin 2014. Disponible sur https://www.npr.org/2014/06/12/321392873/are-color-revolutions-a-new-front-in-u-s-russia-tensions?t=1539432907509

18 février, des violences éclatent entre manifestants et forces de l'ordre à la suite d'une répression du mouvement ordonnée par le président Ianoukovytch. Menacé par la tournure des évènements, il quitte la capitale et est démis de ses fonctions par un vote du parlement le 22 février. Son renversement divise le pays politiquement entre les Ukrainiens pro-européens à l'ouest, et la majorité russophone à l'est, plongeant la région du Donbass dans une guerre qui continue à l'heure où nous écrivons.

Le mouvement Euromaïdan cristallise les inquiétudes des dirigeants russes, tant sur les objectifs des États-Unis que sur les méthodes utilisées, et démontre que la menace se rapproche de Moscou. Le renversement de Ianoukovytch est perçu comme une bataille remportée par les Américains aux portes de la Russie et contraire à la volonté d'une portion considérable de la population Ukrainienne. La « nouvelle forme de guerre » décrite par le ministre de la Défense russe Sergeï Shoïgu, mêlant « guerre de l'information, opérations de subversion et forces spéciales » devient de plus en plus tangible.

Pensant être parvenus à neutraliser les pires conséquences d'une perte d'influence en Ukraine en annexant la Crimée, les dirigeants russes voient rouge lorsque les États-Unis et l'Europe votent la mise en place de sanctions économiques à l'encontre des grandes compagnies nationales russes et des élites économiques du pays. Pour les Russes, ces nouvelles sanctions, qui se renforceront d'année en année, représentent un changement de la stratégie américaine à leur égard. L'exportation des révolutions de couleur sur le sol russe s'étant soldé par un échec deux ans plus tôt, cette nouvelle approche vise à déstabiliser le régime en ciblant les individus capables de faire pression sur Poutine. Elles attaquent également son image d'homme proche du peuple, libre de toute influence et corruption. La déclaration du Trésor américain de mars 2014 annonçant les sanctions est inédite par sa formulation, soulignant explicitement les liens entre Poutine et nombre d'oligarques et de multinationales. Le secrétaire adjoint en charge du terrorisme et du renseignement financier au Trésor américain, chargé de l'annonce, laisse même entendre que le président russe cacherait des fonds au sein du groupe Gunvor, société spécialisée dans le commerce et le transport de pétrole, dirigée par un milliardaire proche de Poutine. Ces accusations représentent la première fois qu'un porte-parole du gouvernement américain met en cause des dirigeants russes de manière aussi directe, les États-Unis s'étant toujours retenus d'agir ainsi pendant la guerre froide.

La publication des *Panama papers* début 2016 continue à jeter de l'huile sur le feu, avec une nouvelle mise en cause du cercle rapproché de Poutine. Diffusés à partir du 3 avril 2016, les documents issus de la firme panaméenne Mossack Fonseca accusent Poutine d'abriter de larges fortunes à l'étranger par le biais de ses proches. La presse retrouve les noms de plusieurs d'entre eux dans les comptes qui lui ont été transmis, en particulier celui de Sergeï Roldouguine, célèbre violoniste parrain de la fille aînée du président russe. Les informations révélées sont en contradiction totale avec ses multiples condamnations publiques de l'utilisation de sociétés financières offshore[1] et sa prétendue lutte contre la corruption sur le plan intérieur.

Mais alors qu'au-delà des frontières, les médias se focalisent davantage sur la présence dans les listings des Premiers ministres britannique et islandais, ou encore du footballeur Leo Messi, les publications sont rapidement décrites par le Kremlin comme une « conspiration » et une « tentative de déstabilisation », orchestrées par la CIA et le Département d'État américain. Pour Poutine, l'absence de citoyens américains de renom renforce sa suspicion que les *Panama Papers* sont qu'une énième tentative de le chasser du pouvoir. Le Consortium international de journalistes d'investigation (ICIJ) ayant permis la coordination des analyses entre les grands médias occidentaux serait soit dans la poche des services américains, soit victime d'une de leur manipulation.

Selon les enquêtes d'Andrei Soldatov et Irina Borogan, deux journalistes russes, la mise en cause des proches de Poutine dans les *Panama Papers* pourrait même être l'élément déclencheur de l'ingérence russe ayant marqué l'élection présidentielle américaine de 2016 – ou de l'activisme des « patriotes russes » pour reprendre les termes de Poutine. Le 8 avril 2016, cinq jours après la publication des *Panama Papers*, et dix jours avant la vague d'attaques informatiques qui tourmentera la campagne des démocrates américains jusqu'à leur défaite, Poutine

1. Voir la loi de 2013 interdisant les comptes offshores pour les fonctionnaires russes.

aurait réuni son conseil de sécurité[1]. La réunion a-t-elle débouché sur la décision de se servir des informations collectées de manière offensive ? Le rôle attribué par les Russes à l'ICIJ explique-t-il le positionnement de Wikileaks dans la campagne américaine ?

Quoi qu'il en soit, la réaction russe ne s'est pas fait attendre.

1. SOLDATOV, Andrei, BOROGAN, Irina, *The red web: the struggle betwee russia's digital dictators and the new online revolutionaries*, New York, New York: Public Affairs, 2015.

CHAPITRE 2

VU DE WASHINGTON
AVEUGLEMENT, CHOC ET CONFUSION

> Si l'information doit réellement devenir une arme, comment allons-nous nous adapter pour faire face à ce monde ? Nous avions beaucoup de ces compétences si l'on revient à l'époque de la guerre froide, [mais] ce n'est pas ce à quoi nos effectifs sont préparés [aujourd'hui].
>
> Amiral Michael S. Rogers,
> ancien Directeur de la NSA
> et du U.S. Cyber Command,
> audition au Sénat le 9 mai 2017

Les États-Unis ont toujours été pris de court par les attaques sur leur sol national. Seulement, à chaque occasion passée, la réaction fut vive et ferme – certains diraient même démesurée. Traumatisée par l'attaque sur la base navale de Pearl Harbor le 7 décembre 1941, l'Amérique entra en guerre contre le Japon dès le lendemain puis quelques jours plus tard contre l'Allemagne et l'Italie, y pesant de tout son poids jusqu'à leur capitulation. Soixante ans plus tard, les Américains vivent un nouveau traumatisme avec les attentats du 11 septembre 2001, évènement qui reste tout aussi fortement imprégné dans la mémoire et la politique étrangère du pays. Pourtant, aujourd'hui – deux ans après la mise à nu d'une ingérence étrangère massive et coordonnée dans la campagne présidentielle de 2016 – l'inertie et la confusion règnent, tant dans les prises de parole de l'administration que dans les débats du Congrès à ce sujet. Les États-Unis paraissent démunis face à l'éventualité d'un nouvel assaut numérique contre sa société et son processus politique, au point où le sol semble se dérober sous leurs pieds. Mais comment expliquer cette discontinuité ?

Depuis la fin des années 1990, les Américains n'ont cessé d'être à l'affût de ce qui pourrait constituer, dans les termes d'analystes américains, un « cyber Pearl Harbor » ou « cyber 11 septembre », c'est-à-dire une cyberattaque de grande ampleur contre les intérêts de sécurité nationale américains orchestrée par un groupe terroriste ou un état étranger. Ils crurent y faire face à plusieurs reprises.

En 1999, Newsweek révèle la première affaire de cyberespionnage massive et coordonnée contre le gouvernement américain[1]. L'attaque est attribuée à un organisme affilié au gouvernement russe, agissant au travers d'un institut de recherche proche de l'armée. Leur cible : des centaines de systèmes informatiques répartis entre les Départements de Défense et de l'Énergie, des entreprises du secteur de la défense et des universités américaines collaborant avec ces entités. Implantés sur les réseaux américains plus d'un an avant d'être repérés, les pirates eurent le temps de dérober des milliers de fichiers confidentiels détaillant les technologies et les plans militaires américains. Le Pentagone et le FBI avaient déployé des moyens importants pour sécuriser les systèmes et identifier plus précisément la source de l'attaque, sollicitant même – naïvement ? – l'aide de leurs homologues russes, en vain. Lorsque l'attaque est révélée publiquement dans la presse, les pirates modifient immédiatement leur comportement. Le FBI perd leur trace, et l'évènement est vite oublié du grand public.

1. "Attaque *Moonlight*", Newsweek. *"We're in the middle of a cyberwar"* [en ligne]. 12 septembre 1999. Disponible sur https://www.newsweek.com/were-middle-cyerwar-166196

Dès lors, les cyberattaques à l'encontre des institutions politiques et militaires américaines se feront de plus en plus fréquentes. Elles ne tardent à dépasser l'échelle de l'opération russe révélée par *Newsweek*. De 2003 à 2005, un groupe de hackers basés en Chine parvient à s'infiltrer sur les réseaux de plus d'une centaine de sous-traitants travaillant pour l'armée américaine et d'agences telles que la NASA. La masse incommensurable de mails et de documents de travail récupérés pendant cette nouvelle campagne de cyberespionnage, baptisée *Titan Rain*, offrait les moyens de reconstituer avec précision une part des équipements militaires américains et d'identifier leurs vulnérabilités.

Courant 2008, les milieux politique et militaire américains font chacun face à des attaques d'une nouvelle envergure. Le commandement central de l'armée américaine, en charge des opérations au Proche et Moyen-Orient est frappé par ce que le secrétaire adjoint à la défense William Lynn III qualifie en 2010 de « plus grand piratage de systèmes militaires américains de tous les temps ». Les assaillants parviennent à pénétrer le système ultra-sécurisé permettant d'accéder aux plans tactiques de l'armée américaine en Irak et Afghanistan ainsi qu'aux communications opérationnelles entre commandants. L'État-major et l'administration réagissent à l'attaque par un changement de procédures internes et par la décision de réunir les capacités cyber défensives et offensives au sein d'un nouveau commandement. Le US Cyber Command est inauguré un an plus tard. En revanche, les officiers et dirigeants américains se garderont de toute contre-attaque informatique, estimant, comme le veulent les conventions, qu'un acte d'espionnage ne saurait justifier une telle escalade[1]. Parallèlement, alors que l'élection présidentielle de 2008 s'approche, les partis politiques américains sont victimes de piratages. Les hackeurs parviennent à récupérer plusieurs documents exposant les positions politiques et les agendas des deux candidats principaux : John McCain et Barack Obama. Mais aucun document ne sera publié. L'enquête du FBI conclut à une attaque de cyberespionnage ordonnée par le pouvoir chinois[2]. Néanmoins, selon une étude publiée en mai 2017 par Area 1, firme de cybersécurité fondée par des anciens de la NSA, plusieurs cellules de hackeurs sponsorisés par l'État russe auraient également tenté à multiples reprises d'infiltrer les systèmes informatiques de ces campagnes entre 2007 et 2008[3].

Ces attaques se poursuivent plusieurs années durant, au point de devenir chose courante pour les dirigeants américains. Toutefois, mis à part la perte importante de secrets d'États et de technologies civiles et militaires, les attaques n'eurent aucune conséquence immédiate sur la société ou la puissance américaine. Chaque nouveau

1. NAKASHIMA, Ellen, *"Cyber-intruder sparks massive federal response–and debate over dealing with threats"* [en ligne], *The Washington Post*, 31 octobre 2010. Disponible sur https://www.washingtonpost.com/national/national-security/cyber-intruder-sparks-response-debate/2011/12/06/gIQAxLuFgO_print.html

2. NBC News, « *Chinese hacked Obama, McCain campaigns, took internal documents, officials say* » [en ligne], 6 juin 2013. Disponible sur http://investigations.nbcnews.com/_news/2013/06/06/18807056-chinese-hacked-obama-mccain-campaigns-took-internal-documents-officials-say

3. STEIN, Jeff, « *Exclusive: Russian hackers attacked the 2008 Obama campaign* » [en ligne], *Newsweek*, 12 mai 2017. Disponible sur https://www.newsweek.com/russia-hacking-trump-clinton-607956

piratage montrait certes la vulnérabilité des systèmes informatiques américains, mais il n'impactait ni la légitimité de l'État sur le plan intérieur, ni son pouvoir sur la scène internationale. Les administrations ont donc successivement encaissé les coups (et les coûts) du cyberespionnage.

En tout, une liste qui circulait en 2012 au sein du Congrès américain recense, sur une période de huit ans, 63 attaques réussies et jugées « significatives » contre des institutions fédérales américaines (Département, Congrès, NASA, agences de renseignement...) – soit près d'une attaque toutes les six semaines[1]. Cette estimation ne couvre bien évidemment ni les piratages d'entités fédérales réussis qui n'ont jamais été détectés, ni les tentatives de piratages qui ont été détectées et déjouées, dont le nombre abonde. Ce serait également oublier les attaques, bien plus fréquentes encore, touchant chaque jour le secteur privé américain et mêlant escroquerie financière et vol de technologies ou d'informations à valeur concurrentielle. Sur ce dernier point, l'administration Obama se félicitera cependant d'avoir considérablement réduit les cyberattaques visant les entreprises au travers d'un effort diplomatique qui aboutit sur un accord emblématique avec le régime chinois en 2015 proscrivant l'utilisation de moyens cyber étatiques pour capter des éléments de propriété intellectuelle privée[2].

1. ROSENZWEIG, Paul, « *Significant cyber attacks on federal systems–2004–present* » [en ligne], *Lawfare*, 7 mai 2012. Disponible sur https://www.lawfareblog.com/significant-cyber-attacks-federal-systems-2004-present

2. Nous reviendrons dans le Chapitre 5 sur les négociations et les dynamiques internes au sein du pouvoir chinois ayant mené à cet accord.

Mais outre cet accord, les dirigeants américains n'ont pas le temps de se soucier sérieusement du cyberespionnage dans les années qui suivent la mise en place du cyber commandement. De 2010 à 2016, l'esprit des officiers du Pentagone et des services de renseignement américains est focalisé sur deux sujets nettement plus brûlants : les fuites internes et l'éventualité d'une cyberattaque pouvant détruire ou paralyser les infrastructures civiles du pays.

La première fuite importante de données se produit en 2010 lorsqu'une source anonyme, ultérieurement identifiée comme le militaire américain Bradley (devenue Chelsea) Manning, transmet une montagne de documents à WikiLeaks, ONG se considérant garante de la liberté d'expression et protectrice des lanceurs d'alertes. Depuis son poste de travail en Iraq, Manning était parvenue à télécharger près de 400 000 télégrammes diplomatiques, rapports internes et enregistrements audiovisuels stockés sur les réseaux du Département de Défense et du Département d'État. Ils deviendront collectivement les « *War Logs* » de la guerre d'Irak. L'impact politique est immédiat et considérablement plus grave que toutes les pertes de données ayant frappé l'État américain jusque-là. Publiés dans la presse, les documents font état de plusieurs bavures militaires américaines en Iraq et indiquent que les États-Unis auraient livré plusieurs milliers d'Irakiens à des centres de détention pratiquant la torture[1], entachant durablement l'image de ses

1. DAVIES, Nick, STEELE, Jonathan, LEIGH, David, *"Iraq war logs: secret files show how US ignored torture"* [en ligne], *The Guardian*. Disponible sur https: / / www.theguardian.com / world / 2010 / oct / 22 / iraq-war-logs-military-leaks

troupes et la légitimité de ses interventions à l'étranger. Les révélations propulsent la plateforme de lanceurs d'alertes et son fondateur, l'ancien hacker Julian Assange, au-devant de la scène internationale, lui permettant d'attirer de nouvelles sources et de publier dès 2011 pas moins de 250 000 télégrammes diplomatiques américains qui viennent ternir les relations entre les États-Unis et nombre de pays étrangers. Accusé d'espionnage par les États-Unis, Julian Assange fera progressivement évoluer son organisation d'un anti-autoritarisme tous azimuts vers un anti-américanisme visant tout particulièrement l'administration Obama et sa Secrétaire d'État Hillary Clinton.

En juin 2013, une nouvelle fuite traumatise l'appareil de renseignement américain. Edward Snowden, jusqu'alors employé contractuel de la NSA, dévoile par l'intermédiaire du *Guardian* et du *Washington Post* une foule de documents classés secret défense qui exposent l'ampleur mondiale de l'espionnage informatique menée par son employeur. L'impact de cette fuite est d'autant plus considérable qu'il met en évidence l'existence d'écoutes visant les hauts responsables de pays alliés comme la France et l'Allemagne, mais surtout, la coopération à ce programme d'espionnage de plusieurs opérateurs de télécommunication américainx et entreprises de la Silicon Valley. Les fuites sont un traumatisme et une humiliation pour la communauté du renseignement américain. Elles entraînent l'arrêt immédiat de la collaboration entre le secteur privé américain et la NSA et ravivent la méfiance portée par les peuples et les gouvernements du monde entier, au premier chef celle de la population américaine, vis-à-vis de Washington. Les États-Unis se retrouvent instantanément dans la place du grand méchant du cyberespace – perdant une large part de sa supériorité morale face aux pouvoirs autoritaires. L'asile offert par les Russes à Edward Snowden renforce ce paradoxe. Pour se racheter, les géants du numérique américains proposeront rapidement à leurs clients des systèmes de cryptage puissants permettant d'échapper à la surveillance de masse. Parallèlement, d'autres systèmes tels que l'application de messagerie sécurisée Telegram – lancée deux mois après les révélations d'Edward Snowden – connaissent une diffusion foudroyante.

Durant la même période, les services de renseignement et de sécurité intérieure américains luttent pour sécuriser les infrastructures du pays. La crainte d'un « cyber 11 septembre » fait son retour. En effet, dans l'optique américaine, le vol de données, de technologies et de secrets d'État est loin de constituer le principal risque cyber, comme l'indique un discours prononcé en 2012 par le Secrétaire à la Défense et ancien directeur de la CIA, Leon Panetta :

> Quand les gens pensent à la cybersécurité, ils craignent les pirates et les criminels qui rôdent sur Internet, qui subtilisent l'identité des internautes, qui volent des informations commerciales sensibles, et même des secrets d'État. Mais le plus grand danger auquel nous sommes confrontés dans le cyberespace dépasse le crime, et dépasse le harcèlement.

> Une cyberattaque perpétrée par des États-nations ou des groupes extrémistes violents pourrait être aussi destructrice que l'attaque terroriste du 11 septembre. Une telle cyberattaque... pourrait virtuellement paralyser la nation[1].

Dans son discours, Panetta décrit bien ce qui tourmente les États-Unis et occupe leurs analystes :

> Laissez-moi vous expliquer comment cela pourrait se dérouler. Un pays agresseur ou un groupe extrémiste pourrait utiliser des outils informatiques pour prendre le contrôle de commutateurs critiques. Ils pourraient, par exemple, faire dérailler des trains voyageurs ou chargés de produits chimiques mortels. Ils pourraient contaminer les sources d'eau potable de grandes villes ou couper le réseau électrique dans des pans entiers du pays... Le résultat collectif de ce type d'attaques pourrait être un cyber-Pearl Harbor : une attaque provoquant la destruction physique et la perte de vies. Cela paralyserait et choquerait la nation et créerait un nouveau sentiment profond de vulnérabilité.
>
> Nous savons que des acteurs étrangers sondent les réseaux informatiques de nos infrastructures critiques. Ils ciblent les systèmes de contrôle qui exploitent les usines de produits chimiques, d'électricité et d'eau et ceux qui guident les transports dans tout le pays. Nous avons connaissance de cas où des intrus ont réussi à accéder à ces systèmes de contrôle. Nous savons également qu'ils cherchent à créer des outils avancés pour attaquer ces systèmes et provoquer la panique, la destruction et même la mort.

1. *United States Department of Defense, "Remarks by Secretary Panetta on cybersecurity to the business executives for national security, New York City"* [en ligne], 11 octobre 2012. Disponible sur http://archive.defense.gov/transcripts/transcript.aspx?transcriptid=5136

Panetta fait ici référence à un phénomène observé de plus en plus fréquemment par les services américains sous l'administration Obama : la découverte d'implants sur des infrastructures dites « critiques » – transports publics, barrages hydrauliques, centrales nucléaires… – démontrant que des acteurs étatiques et non-étatiques étudiaient de nouvelles manières d'attaquer les États-Unis.

Les services américains ont d'autant plus de souci à se faire qu'ils furent les premiers à démontrer le potentiel non seulement paralysant mais destructeur des armes cyber. Travaillant avec les services israéliens, les hackeurs d'élite de la NSA étaient parvenus en 2009 à provoquer des dégâts physiques considérables dans plusieurs installations nucléaires iraniennes à l'aide du ver informatique Stuxnet. Une véritable « preuve de concept » sur laquelle nous reviendrons plus en détail au cours des chapitres suivants car elle marque un tournant historique dans la cyberguerre.

Dès lors, les États-Unis redoutent de voir de tels outils tomber dans les mains de groupes terroristes ou de puissances étrangères. De leur point de vue, la menace provient au premier chef de la Corée du Nord et de l'Iran, états que Washington accuse de sponsoriser le terrorisme. Deux épisodes viendront accentuer leurs préoccupations. En 2013, des hackeurs iraniens parviennent à s'infiltrer dans les systèmes informatiques d'un barrage situé à 50 km de la ville de New York[1]. L'incident n'est pas immédiatement dévoilé

1. VOLZ, Dustin, RAYMOND, Nate, « *US to blame Iran for cyber attack on small NY dam* » [en ligne], *Reuters*, 10 mars 2016. Disponible sur https://www.reuters.com/article/us-usa-iran-cyber/u-s-to-blame-iran-for-cyber-attack-on-small-ny-dam-sources-idUSKCN0WC2NH

par les autorités américaines de peur de saboter les négociations sur le programme nucléaire iranien. Mais il est perçu comme une réponse des Iraniens à Stuxnet, soulignant la vulnérabilité des États-Unis s'ils venaient à répéter une telle attaque. Fin 2014, des hackeurs nord-coréens saccagent les systèmes informatiques des studios cinémas du groupe Sony basés à Los Angeles, obligeant l'entreprise à interrompre une part importante de ses opérations. Contrairement aux précédentes attaques ayant frappé le secteur privé américain, cette fois-ci, pas de vol de technologie ou d'actifs financiers. L'objectif de l'attaque est purement politique : terroriser le public américain pour dénoncer la sortie d'un film critique à l'égard du pouvoir nord-coréen. Après avoir choqué les esprits par leur attaque, les hackeurs font fuiter des échanges embarrassants entre les dirigeants du studio et menacent les salles de cinéma d'attentats. Washington peine à trouver une réaction adaptée à ce nouveau type d'attaque. Le temps que la Maison-Blanche formule sa réponse, les hackeurs seront parvenus à obtenir l'annulation de la sortie du film en question dans la quasi-totalité des cinémas américains et à provoquer la démission de la présidente de Sony Entertainment.

C'est ainsi qu'affaiblis tant par la publication des *War Logs* de Chelsea Manning que par le scandale des écoutes de la NSA, accaparés par la lutte contre une utilisation terroriste du cybersabotage, et ce alors que le pillage de données industrielles et politiques s'était quasi-normalisé, les Américains manquent d'apprécier la nature de la menace se profilant sous leurs yeux.

Début 2014, alors que les manifestations pro-européennes en Ukraine s'accentuent, les experts occidentaux remarquent la circulation accrue sur les plateformes numériques et réseaux sociaux ukrainiens d'informations favorables au Kremlin, certaines n'hésitant pas à déformer la réalité. Les États-Unis sont d'ailleurs une des premières victimes de ces actions informationnelles lorsque les services russes diffusent, *via* YouTube et de manière anonyme, leur enregistrement d'un échange téléphonique entre la secrétaire d'État adjointe pour l'Europe et l'Eurasie Victoria Nuland et l'ambassadeur américain en Ukraine. Vu de Washington, l'échange peint sous un mauvais jour les efforts du gouvernement américain pour stabiliser le pays, et distance la diplomatie américaine de ses alliés européens, Nuland marquant la conversation du célèbre « Fuck the EU » lorsque l'implication des Européens dans le processus de transition politique est évoquée.

Dans les semaines qui entourent l'annexion de la Crimée, les Occidentaux constatent une utilisation de plus en plus systématique d'actions de désinformation et de cyberattaques ponctuelles contre les infrastructures électriques du pays, visant à délégitimer et affaiblir les partisans du gouvernement ukrainiens. Ces actions s'intensifient au fur et à mesure que la région du Donbass sombre dans la guerre, et produisent le début d'une prise de conscience chez les responsables militaires de l'OTAN que la Russie expérimente une nouvelle stratégie. Celle-ci est alors qualifiée de « guerre hybride », expression qui demeure et, comme nous le verrons dans les chapitres 4 et 5, dont la généralité démontre une incompréhension palpable de la stratégie développée par les Russes. Ce nouveau concept devient toutefois un important sujet de réflexion parmi les responsables militaires et une poignée de penseurs stratégiques occidentaux, mais suscite peu d'intérêt au niveau des responsables politiques et de l'opinion publique occidentale. Nul ne pense alors que le processus politique d'une démocratie libérale puisse être vulnérable à des actions informationnelles, particulièrement à Washington. C'est dans ce contexte que les premières manifestations d'une ingérence russe dans la campagne présidentielle américaine de 2016 passent inaperçues.

Les services américains reçoivent pourtant un avertissement direct deux ans plus tôt. En novembre 2014, les agences de renseignement extérieur et militaire néerlandaises, l'AIVD et le MIVD, informent l'officier de liaison de la NSA à l'ambassade américaine de La Haye que le département d'État a été infiltré par un groupe de hackeurs bien connu. Ce groupe, surnommé *Cozy Bear* ou encore *APT 29* dans le monde de la sécurité informatique, était déjà depuis quelques années associées aux FSB et SVR, les services de renseignement intérieur et extérieur russes. On apprendra plus tard que les services néerlandais étaient parvenus à pénétrer leurs systèmes informatiques par une prouesse technique dont les Américains restent sans doute discrètement admiratifs. Implantés sur le réseau de *Cozy Bear* pendant au moins un an, les Néerlandais suivaient leurs actions en temps réel, et plus encore, avaient accès au flux vidéo des caméras de surveillance du bâtiment depuis lequel les Russes opéraient, ce qui leur permit de visualiser les entrées et sorties et d'associer les visages avec des membres du SVR[1].

À Washington, la NSA et le FBI mettent immédiatement en place une équipe chargée de bloquer la progression des membres de *Cozy Bear* et de les expulser des réseaux du Département d'État. S'ensuit une bataille informatique d'une intensité sans précédent entre hackeurs d'élite, s'étalant sur plus de vingt-quatre heures. L'attaque est repoussée – les serveurs de messagerie du Département d'État devant ensuite être débranchés plus de deux jours afin d'être nettoyés en profondeur – mais les Russes ont eu le temps de s'infiltrer dans un réseau de la Maison-Blanche par le biais d'un faux mail envoyé depuis une adresse du Département d'État. Ils parviendront même à obtenir l'accès à une boîte de messagerie utilisée par le Président Barack Obama.

Un an plus tard, en septembre 2015, un agent spécial du FBI nommé Adrian Hawkins passe un appel téléphonique au Comité National Démocrate (en anglais, le DNC), quartier général du parti. Il informe un agent

1. Ces informations proviennent d'un article publié le 25 janvier 2018 par le journal *Volkskrant* et non démenti par les services néerlandais, qui exprime d'ailleurs leur frustration lorsque les services américains ont mentionné aux médias nationaux avoir été 2015 et au maximum jusqu'en décembre 2016, c'est-à-dire près de deux ans et demi après leur pénétration initiale.

Voir MODDERKOLK, Huib, « *Dutch agencies provide crucial intel about Russia's interference in US-elections* » [en ligne], *deVolkskrant*, 25 janvier 2018. Disponible sur https://www.volkskrant.nl/wetenschap/dutch-agencies-provide-crucial-intel-about-russia-s-interference-in-us-elections~b4f8111b/

technique du support informatique de cet organisme qu'au moins un des ordinateurs du DNC a également été piraté par *Cozy Bear*. Tout indique que cette information trouve elle aussi son origine dans la pénétration hollandaise du réseau de ce groupe[1]. Pendant six mois, et malgré plusieurs appels du FBI, ces informations ne provoqueront aucune réaction de la part du DNC au-delà de quelques vérifications basiques par l'ingénieur informatique ayant réceptionné les appels. Cette profonde inertie bureaucratique, qui coûtera cher tant au DNC qu'au FBI, se prolonge jusqu'au printemps, lorsque le FBI décide enfin d'organiser une réunion avec les cadres du parti démocrate obligeant le DNC à prendre les avertissements au sérieux. Un système avancé de surveillance informatique est alors mis en place et détecte une intrusion importante sur les serveurs du DNC. La présidente Deborah Wasserman Schultz en est informée le 29 avril avec un commentaire se posant la question de savoir si cette intrusion a un rapport avec les avertissements antérieurs du FBI. Le DNC mandate alors une firme de sécurité informatique, Crowdstrike, pour conduire un diagnostic approfondi.

Le 18 mai, le général Clapper, directeur national du renseignement américain, signale lors d'une conférence sur la cybersécurité à Washington que des « tentatives de piratage des campagnes démocrates et républicaines aux motivations diverses [...], notamment d'espionnage » avaient pu être observées, sans indiquer si elles avaient

1. *Ibid.*

ou non abouti. Interrogé, son porte-parole indique que les cas spécifiques d'intrusion avaient été déférés pour enquête au FBI.[1] Les propos du général Clapper et la lenteur du FBI depuis septembre 2015 démontrent qu'à ce moment de la campagne les services de renseignement américains considèrent qu'il s'agit d'un cas classique de cyberespionnage, comme ils en ont vu tant d'autres par le passé[2]. Ils ne perçoivent ni l'ampleur ni la nature de l'opération de déstabilisation s'organisant sous leurs yeux.

Les Américains prennent conscience de *l'ampleur* de l'opération à la suite des analyses effectuées par deux firmes de sécurité informatique. D'une part, Crowdstrike révèle que le réseau informatique du DNC avait non seulement été pénétré par *Cozy Bear* dès l'été 2015, mais qu'ils avaient été piratés encore plus profondément à partir du mois d'avril 2016 par un deuxième groupe connu sous le nom *Fancy Bear* ou APT 28. Alors que le premier groupe est associé aux services de renseignement civil russes, *Fancy Bear* serait le bras armé du GRU, le service de renseignement militaire russe. Parallèlement, la firme Dell SecureWorks identifie une autre opération

1. NAKASHIMA, Ellen, *"National intelligence director: hackers have targeted 2016 presidential campaign"* [en ligne], *The Washington Post*, 18 mai 2016. Disponible sur : https://www.washingtonpost.com/world/national-security/national-intelligence-director-hackers-have-tried-to-spy-on-2016-presidential-campaigns/2016/05/18/

2. Il apparaît notamment dans des propos tenus plus tard par le responsable du Département d'État chargé de la politique étrangère sur les sujets de cybersécurité, Chris Painter, que les opérations des hackers russes étaient, encore à ce stade, perçues uniquement comme une grande opération d'espionnage classique comme lors des précédentes élections. L'article du *Washington Post* révélant l'affaire explique d'ailleurs que l'objectif est probablement d'obtenir les recherches effectuées par les démocrates sur leur adversaire républicain. La finalité de déstabilisation du processus électoral n'avait en aucun cas été anticipée.

importante de pénétration conduite par *Fancy Bear*, visant un certain nombre de responsables des campagnes électorales du parti démocrate et des comités de campagne. Plusieurs autres cabinets d'expertise en sécurité informatique viendront confirmer les analyses de Crowdstrike et SecureWorks une semaine plus tard[1].

Toutes ces informations sont révélées au public le 14 juin 2016 par des articles de presse rapportant les résultats des expertises des firmes de sécurité informatique Crowdstrike. L'implication de la Russie est immédiatement démentie par Dmitri Peskov, fidèle porte-parole de Vladimir Poutine au Kremlin. Son conseiller cybersécurité, German Klimenko, suggère qu'il est plus probable qu'un technicien ait tout simplement « oublié de mettre un mot de passe » pour protéger les réseaux du DNC[2]. Dès le lendemain, un compte mystérieux nommé *Guccifer 2.0* apparaît sur Twitter, et commence à publier des documents internes du parti démocrate. Le compte ridiculise les accusations de la presse américaine et affirme être un loup solitaire à l'origine du piratage.

Toutefois, les services américains ne prennent conscience de la véritable *nature* de l'opération qu'à partir du 22 juillet 2016, lorsque, à deux jours de l'ouverture de la convention

1. NAKASHIMA, Ellen, *"Cyber researchers confirm Russian government hack of Democratic National Committee"* [en ligne], *The Washington Post*, 20 juin 2016. Disponible sur https://www.washingtonpost.com/world/national-security/cyber-researchers-confirm-russian-government-hack-of-democratic-national-committee/2016/06/20/

2. ROTH, Andrew, *"Russia denies DNC hack and says maybe someone "forgot the password"* "[en ligne], *The Washington Post*, 15 juin 2016. Disponible sur https://www.washingtonpost.com/news/worldviews/wp/2016/06/15/russias-unusual-response-to-charges-it-hacked-research-on-trump/

nationale du parti démocrate censée introniser la candidate Clinton face à son rival Bernie Sanders, Wikileaks publie une masse gigantesque de mails et de documents issus du DNC. Ceux-ci révèlent notamment que la direction aurait favorisé systématiquement Hillary Clinton au détriment de Bernie Sanders pendant la campagne des primaires. Ces révélations provoquent un tollé politique et médiatique qui contraint la démission de la présidente du DNC Deborah Wasserman Schultz le 24 juillet, c'est-à-dire la veille de l'ouverture de la convention nationale démocrate. Celle qui aurait dû être un triomphe pour Hillary Clinton se déroulera dans une atmosphère de récrimination des partisans de Bernie Sanders qui sans aucun doute aliénera durablement une partie des soutiens de Bernie Sanders dans la base électorale démocrate.

Début août 2016, John Brennan, directeur de la CIA, informe Barack Obama qu'ils sont en présence d'une opération russe d'ingérence dans l'élection présidentielle directement ordonnée par Poutine. Barack Obama considère qu'il s'agit d'une menace très grave et ordonne la mise en place d'une structure de coordination pour analyser les mouvements des Russes et proposer des options de réponse. Toutefois, très soucieux d'éviter toute escalade qui « empirerait la situation », il impose un secret et un cloisonnement absolus et interdit toute mise en cause publique de la Russie. C'est ainsi que pendant l'été les responsables du renseignement américains refuseront d'identifier les auteurs des piratages pourtant largement révélés par les firmes de sécurité informatique et relayés par les médias.

Cette prudence publique de Barack Obama était motivée par deux soucis : éviter que son administration soit perçue comme utilisant des informations collectées par les services de renseignement pour influencer la campagne présidentielle, et surtout, par la volonté obsessionnelle d'éviter que les Russes intensifient leur offensive en piratant les machines électorales, ce qui risquerait de délégitimer le résultat de l'élection – ou pire, qu'ils s'attaquent aux infrastructures critiques du pays. Plusieurs tentatives de piratage de ces machines avaient été mises en évidence dès le mois d'août, mais l'appel du Département de la Sécurité Intérieure à sécuriser les machines électorales fut tout de suite dénoncé par les républicains comme une tentative d'intrusion du pouvoir fédéral dans les processus électoraux des états[1]. Cette préoccupation majeure d'Obama est démontrée et confirmée par deux avertissements adressés à la Russie : l'un adressé par John Brennan le 4 août 2016 directement à Alexander Bortnikov, directeur du FSB ; l'autre à l'occasion d'un tête-à-tête entre Obama et Poutine lors du sommet du G20 à Hangzhou le 5 septembre 2016. En recoupant les différentes enquêtes de la presse américaine, il semble que le message transmis aux dirigeants russes dénonçait le caractère inadmissible de l'interférence dans la campagne présidentielle

1. *The Department of Homeland Security, "Readout of Secretary Johnson's call with state election officials on cybersecurity"* [en ligne], 15 août 2016. Disponible sur https://www.dhs.gov/news/2016/08/15/readout-secretary-johnsons-call-state-election-officials-cybersecurity

D'ici octobre, le FBI avait détecté des tentatives d'intrusion sans les systèmes électoraux d'au moins 21 états.

et avertissait les dirigeants russes que toute manipulation informatique des machines électorales serait considérée comme une agression entraînant une riposte directe contre la Russie. D'après un conseiller proche d'Obama cité par le Washington Post, Poutine lui aurait en retour demandé des preuves, tout en accusant les États-Unis d'intervenir dans les affaires internes de son propre pays[1].

Parallèlement, la structure de coordination mise en place à Washington propose au Président américain une longue série d'options, comportant à la fois de nouvelles sanctions économiques contre la Russie, la révélation d'informations confidentielles compromettantes pour Vladimir Poutine, ou encore l'implantation de bombes informatiques au sein de certaines infrastructures russes pouvant être activées à tout moment. Aucune de ces options ne fut mise en œuvre avant l'élection présidentielle. L'administration restait vraisemblablement convaincue qu'il était plus sûr d'attendre que Hillary Clinton remporte l'élection avant de répondre de manière adéquate à la menace russe. Les enquêtes de plusieurs journalistes et les mémoires de Ben Rhodes, loyal conseiller en politique étrangère du Président Obama, laissent toutefois entrevoir une explication plus sombre : consciente de la vulnérabilité accrue des infrastructures américaines à ces mêmes bombes informatiques, l'administration refusait

1. MILLER, Greg, NAKASHIMA, Ellen, ENTOUS, Adam, *"Obama's secret struggle to punish Russia for Putin's election assault"* [en ligne], *The Washington Post*, 23 juin 2017. Disponible sur https://www.washingtonpost.com/graphics/2017/world/national-security/obama-putin-election-hacking/

d'agir non par naïveté, mais par peur d'être victime d'une vague de cyberattaques[1].

Pendant le mois de septembre, les huit principaux dirigeants du Congrès et de ses commissions du renseignement, connu sous le nom du « Gang des huit » pour l'accès exclusif et le contrôle qu'ils exercent sur les activités clandestines américaines, sont briefés sur les ingérences russes. Les démocrates souhaitent une dénonciation bipartisane de ces ingérences, qui est refusée par les républicains. La même demande est adressée au Président Obama par les dirigeants démocrates et les dirigeants de la communauté du renseignement, ce qu'il continue de refuser.

Durant toute cette période, les informations sur l'activisme russe se multiplieront dans la presse, avec une focalisation particulière sur deux éléments laissant soupçonner une tentative d'influence de l'opinion publique en amont de l'élection : d'une part, le moment choisi pour les fuites des documents du DNC et de Podesta, et d'autre part, la présence de plus en plus suspecte de comptes peu crédibles sur les réseaux sociaux diffusant de fausses informations réutilisées par le camp républicain et relayant massivement les propos de l'extrême droite américaine. L'existence d'une campagne de manipulation de l'information orchestrée depuis la Russie ne sera confirmée qu'un an plus tard dans le cadre des enquêtes du Congrès.

1. PILLAR, Paul R., *"Cyberwarfare–the latest technology of destruction"* [en ligne], *The New York Times*, 19 juin 2018. Disponible sur https://www.nytimes.com/2018/06/19/books/review/david-e-sanger-cyberwarfare-the-perfect-weapon.html

Le vendredi 7 octobre, trois évènements majeurs ont lieu en l'espace de quelques heures. Aux alentours de 15 h EST[1], le Département de la Sécurité Intérieure et la Direction Nationale du Renseignement publient un communiqué accusant directement la Russie « d'interférence dans le processus électoral américain ». C'est la première attribution officielle des piratages et fuites de documents ayant ravagé la campagne démocrate au gouvernement russe[2]. Le communiqué témoigne ainsi d'un début de changement de ton et de posture de la part du pouvoir politique américain. Malheureusement, la dénonciation intervient trop tard et de manière trop chétive : bien qu'il apporte une confirmation importante des manœuvres de la Russie contre la candidate démocrate, la majorité du communiqué se concentre au final sur le besoin de sécuriser les machines de vote électoral. Il n'apporte aucune réponse aux tentatives d'influence de l'opinion publique, et surtout, ne fait aucune mention des activités russes sur les réseaux sociaux. Enfin, la déclaration n'est portée ni par la Maison-Blanche ni par les représentants politiques de l'administration Obama, toujours soucieux d'éviter tout semblant de partialité.

Le communiqué sera vite oublié face aux deux autres scoops de la journée. À 16 h, le Washington Post publie la fameuse « *Access Hollywood tape* », un enregistrement

1. https://twitter.com/CNBC/status/784476802127454208

2. *The Department of Homeland Security, "Joint statement from the department of homeland security and office of the director of national intelligence on election security"* [en ligne], 7 octobre 2016. Disponible sur https://www.dhs.gov/news/2016/10/07/joint-statement-department-homeland-security-and-office-director-national

vidéo datant de 2005 jamais diffusé dans lequel Donald Trump se vante de comportements pouvant constituer des agressions sexuelles et s'exclame avoir par le passé tenté de tromper sa femme. L'information fait immédiatement le tour des États-Unis par le biais des réseaux sociaux. Interrogées par les médias américains, plusieurs sources anonymes au sein de la campagne républicaine admettent que la révélation risque de signer la fin des prétentions présidentielles de leur candidat[1]. Mais à 16 h 30, un nouveau retournement se produit. WikiLeaks publie une foule de courriers électroniques issus de la boîte de messagerie de John Podesta, directeur de campagne d'Hillary Clinton, révélant la soi-disant complaisance de cette dernière vis-à-vis de Wall Street. Les échanges révèlent notamment des extraits de discours prononcés par Hillary Clinton à Wall Street. La guerre de l'information atteint son sommet.

L'une de ces publications venait est-elle en réaction ou en anticipation d'une des deux autres ? Il est difficile d'en juger. En revanche, l'impact pose moins de questions. Le communiqué de l'administration Obama passe évidemment inaperçu aux yeux du grand public, absorbé par les deux autres évènements. La vidéo de Donald Trump fragilise sa candidature, mais le moment choisi par WikiLeaks pour fuiter les courriels de Podesta limite un éventuel virage des électeurs vers Hillary Clinton. En révélant la teneur très libérale des discours prononcés par

1. DIAMOND, Jeremy, *"Trump issues defiant apology for lewd remarks–then goes on the attack"* [en ligne], *CNN Politics*, 8 octobre 2016. Disponible sur https://edition.cnn.com/2016/10/07/politics/donald-trump-women-vulgar/index.html/

la candidate démocrate devant les employés de Goldman Sachs, WikiLeaks pousse les électeurs indécis, qu'ils soient centristes ou anciens supporters de Bernie Sanders, à s'abstenir, à voter pour l'un des candidats tiers, voire même à se replier sur Donald Trump.

Le 31 octobre, à huit jours de l'élection présidentielle, Washington envoie un quatrième et dernier avertissement aux dirigeants russes. L'avertissement est communiqué par le biais du « téléphone rouge », ligne sécurisée reliant directement le Kremlin et la Maison-Blanche et destinée, lors de la Guerre froide, à faciliter le dialogue en temps de crise afin d'éviter toute confrontation nucléaire. La ligne, qui n'a en réalité rien d'un téléphone, avait été modernisée en 2013 par l'administration Obama pour ajouter un canal servant spécifiquement à échanger des messages en cas d'incident cyber. L'utilisation du canal est inédite. Dans son message, Obama change également de langage, prévenant son homologue russe que « le droit international, dont le droit des conflits armés, s'applique aux actions dans le cyberespace » et que les États-Unis « veilleraient à ce que la Russie adhère à ces normes ». Toutefois, l'avertissement reste à nouveau focalisé sur la sécurisation des infrastructures et non des informations, dénonçant uniquement des « tentatives de piratage des machines électorales provenant de serveurs basés en Russie ».

Moscou accusera réception du message dès le lendemain, mais n'y répondra qu'après l'élection, réfutant toute responsabilité dans les tentatives de piratage détectées par les Américains. Entre-temps, Donald Trump est élu président des États-Unis avec une marge historiquement faible, perdant le vote populaire de près de trois millions de voix, mais remportant largement le collège électoral grâce à une fine majorité – quelques dizaines de milliers de voix – dans les états clés du Michigan, de la Pennsylvanie et du Wisconsin – comptant chacun plusieurs millions d'électeurs.

« Regarder le bilan », témoignera plus tard un représentant de l'administration. « Aucune tentative [de piratage] n'a eu lieu le jour de l'élection, cela a donc fonctionné[1]. » En effet, à l'heure où nous écrivons, il n'existe toujours aucune indication formelle qu'un vote électronique ait été manipulé par le biais d'une attaque informatique lors de l'élection de 2016 ou même qu'une machine à vote électronique ait été infiltrée après l'avertissement du 31 octobre.

En revanche, le 6 janvier 2017 est publié un rapport de la communauté américaine du renseignement représentant le consensus du FBI, de la NSA et de la CIA sur l'ingérence russe dans l'élection présidentielle de 2016. Ce rapport est la synthèse publique d'un rapport classé donnant les preuves de cette ingérence recueillies par les agences américaines. Selon ces agences, Vladimir Poutine aurait personnellement ordonné un programme d'actions visant à semer le doute sur la légitimité de l'élection présidentielle, à dénigrer la candidate Hillary Clinton et donc

1. ARKIN, William M., DILANIAN, Ken, MCFADDEN, Cynthia, *"What Obama said to Putin on the red phone about the election hack"* [en ligne], *NBC News*, 20 décembre 2016. Disponible sur https://www.nbcnews.com/news/us-news/what-obama-said-putin-red-phone-about-election-hack-n697116

à affaiblir sa capacité d'action en cas d'élection, objectifs qui compte tenu du déroulement de la campagne ont viré vers un soutien affirmé à Bernie Sanders, Jill Stein, et surtout, Donald Trump. La campagne d'influence russe se fondait sur une stratégie intégrant des opérations clandestines de renseignement, en particulier dans le domaine cyber, avec les efforts de médias étatiques, d'intermédiaires bienveillants et d'utilisateurs stipendiés sur les réseaux sociaux, surnommés « trolls ».

Les principaux volets de cette stratégie, désormais bien connus, étaient les suivants. Les services de renseignement russes auraient conduit des opérations de cyberespionnage contre des personnes impliquées dans la campagne présidentielle, en particulier au sein des deux principaux partis politiques américains. Les agences américaines considèrent dès lors avec un haut niveau de confiance que les services de renseignement militaire russes étaient directement aux manettes derrière les deux principaux comptes Twitter et sites web utilisés pour diffuser publiquement les documents volés au cours de leurs piratages[1]. Des hackeurs liés aux services de renseignement russes auraient également réussi à s'infiltrer dans les systèmes informatiques de multiples bureaux de vote sans toutefois que ces manipulations n'aboutissent à des manipulations de vote.

Le rapport conclut que les responsables russes considèrent au minimum cette campagne d'influence comme un succès relatif puisqu'il démontre leur capacité à influencer le débat public américain par le biais d'activités

1. Guccifer 2.0 et DCleaks.com

purement numériques menées à distance : cyberespionnage, fuites massives et piratage de machines électorales. Que ces actions aient ou non impacté l'issue du scrutin, leur existence même aura fortement contribué à affaiblir la légitimité de l'administration Trump et à polariser le débat politique américain.

Courant 2017-18, quatre commissions de la Chambre des Représentants et du Sénat américain entament des enquêtes. Celles-ci confirment les conclusions du rapport du 6 janvier, mais révèlent surtout l'ampleur considérable des opérations de propagande sur les réseaux sociaux effectuées depuis la Russie pendant et après la campagne électorale américaine, tournant l'attention vers la Silicon Valley.

Quelques chiffres fournis au Congrès américain par Facebook en octobre et novembre 2017 et par Twitter en janvier 2018 illustrent l'intensité de ces activités et l'efficacité du numérique. Facebook a estimé que de 2015 à 2017 des comptes opérés depuis la Russie – pour la plupart associés à un organisme nommé l'Internet Research Agency, basé à Moscou – ont créé 120 pages sur le site et diffusé quelque 80 000 messages. Ces contenus ont été visionnés directement par 29 millions d'Américains et en ont atteint indirectement 97 millions d'autres par le biais des fonctions partages, de « J'aime » et de suivis sur Facebook. Par ailleurs, l'IRA aurait acheté 3 000 publicités, leur permettant d'atteindre 10 millions d'utilisateurs du réseau social. Pendant la même période Twitter a identifié et fermé 3 814 comptes contrôlés par les « trolls » l'IRA et contacté 1,4 million d'utilisateurs ayant réagi activement à ces contenus – c'est-à-dire ayant « aimé », cité ou retransmis au moins une partie des messages. D'autre part, Twitter a également indiqué avoir identifié et fermé 50 218 comptes automatisés (bots) contrôlés par l'IRA, mais s'est abstenu de préciser le nombre de comptes américains ayant réagi activement aux messages reçus de ces comptes[1].

Sous la pression des révélations successives dans les médias, et en dépit de la résistance du Président Trump, le Département de Justice ouvre sa propre enquête en mai 2017. Celle-ci est confiée à l'ancien directeur du FBI Robert Mueller, nommé pour l'occasion procureur spécial. En 18 mois d'enquête, le procureur a engendré l'ouverture de procédures judiciaires contre déjà plus d'une trentaine d'individus et d'entités, dont vingt-six Russes et six Américains. La première série d'inculpations confirmant la piste a justement visé l'IRA en février 2016, identifiant spécifiquement certains de ses membres, et désignant un proche de Poutine, Yevgeny Prighozin, comme son supposé dirigeant de l'ombre. Dernière annonce en date, le 13 juillet 2018, 12 individus russes soupçonnés par les services américains d'être membres du GRU ont été inculpés pour conspiration d'agression contre les États-Unis, vol d'identité aggravé et blanchiment d'argent. Les documents de mise en examen retracent étape par étape, dans un niveau de détail époustouflant, les gestes et actions effectuées par ces agents pour infiltrer les cercles politiques

1. SOLON, Olivia, SIDDIQUI, Sabrina, *"Russia-backed Facebook posts 'reached 126m Americans' during election"* [en ligne], *The Guardian*, 31 octobre 2017. Disponible sur https://www.theguardian.com/technology/2017/oct/30/facebook-russia-fake-accounts-126-million

américains, démasquant sans le dire les tireurs de ficelles derrière *Fancy Bear*. Ces révélations démontrent la puissance du renseignement américain, *a posteriori*.

Les enquêtes ne disent pas en revanche, c'est que ces campagnes d'ingérence par la voie des réseaux sociaux et de piratages contre les partis politiques américains et contre les machines électorales se sont accompagnées d'attaques contre les infrastructures énergétiques du pays. Ce n'est qu'au travers des révélations d'anciens membres de l'administration d'Obama que l'on apprendra à quel point cette nouvelle réalité a paralysé la prise de décision à Washington, les aveuglant sur l'étendue du risque des opérations d'ingérence.

Face à cela, les représentants politiques des deux partis se sont embourbés dans les accusations respectives de passivité voire complicité face aux intérêts étrangers. Au-delà des condamnations de l'ingérence russe, des divisions très fortes se sont accentuées entre républicains et démocrates. Ces derniers affirment que cette ingérence a permis l'élection de Trump et expriment des soupçons très forts de collusion entre la campagne de celui-ci et l'action russe. Les républicains, à quelques exceptions près avec le sénateur McCain, nient ces deux assertions de façon véhémente. Les deux principales réactions du pouvoir politique américain à l'ingérence russe ont été le recours à des instruments classiques de la diplomatie et de la stratégie américaines : les sanctions économiques, qui seront renforcées et transformées en loi par un vote quasi unanime en août 2017, et une augmentation importante du budget de la défense avec un effort tout particulier dans le domaine de la modernisation des armes nucléaires pour contrer des efforts russes dans le même domaine, mais aussi pour dissuader une éventuelle cyberattaque de forte ampleur contre les infrastructures américaines.

Tout ceci se produit dans un esprit manichéen peignant le retour de la Russie comme ennemi principal, en quasi-absence de toute analyse officielle ou journalistique des motivations russes et de la réflexion stratégique les sous-tendant.

Pendant ce temps, les seules réponses concrètes furent les mesures d'autorégulation de Facebook et Twitter qui, après être un temps restés incrédules, ont pris conscience de leur vulnérabilité dans ce nouvel espace informationnel.

CHAPITRE 3

LE NUMÉRIQUE, FACTEUR DE RUPTURE STRATÉGIQUE

> La cyberguerre, c'est comme un match de football où tous les fans sont sur le terrain avec vous et personne ne porte d'uniforme[1].
>
> Vice-Admiral Marshall B. Lytle III,
> Directeur technique
> et *Chief Information Officer*
> de l'État-major américain.

1. https://twitter.com/SandraJontz/status/834479725087117312

La révolution numérique nous plonge dans une ère nouvelle.

Cette révolution, qui a si profondément transformé la société et l'économie mondiale depuis plus d'un demi-siècle, est le résultat d'une succession de grandes percées technologiques. La première fut la numérisation : la conversion et le stockage d'informations (texte, image, audio...) sous forme de signaux numériques[1]. La quantité de données numérisées connaît vite un bond avec l'invention des microprocesseurs et surtout l'explosion de leur puissance de calcul, symbolisée par la loi de Moore[2]. Celle-ci fait qu'aujourd'hui le smartphone le plus basique a des capacités supérieures à celles des ordinateurs géants construits dans les années cinquante par les Américains pour développer la bombe thermonucléaire,

1. Par extension, l'ère numérique est l'époque où les informations circulent de façon prédominante au format numérique, par le biais du cyberespace. C'est-à-dire sous forme d'une suite de caractères et de nombres – dans le cas le plus élémentaire et le plus fréquent, une suite de chiffres binaires, appelés « bits ». Le vocable « bit » est la contraction de l'anglais anglais *binary digit*, signifiant « chiffre binaire », avec un jeu de mots sur *bit*, mot qui se traduit par « petit morceau ».

2. Conjecture énoncée par Gordon Moore, cofondateur d'Intel (1968), selon laquelle la puissance de calcul d'un microprocesseur double environ tous les 18 mois

et ce à bien moindre coût. Les microprocesseurs viennent s'associer quelques années plus tard à une autre révolution : celle de la connectivité. L'expansion des réseaux de télécommunication filaire, cellulaire et satellitaire, et l'accès simple et décentralisé fourni par le protocole Internet permettent des échanges toujours plus massifs et instantanés au travers de la planète, et contribuent à une explosion de la quantité et de l'accessibilité de données numériques. Enfin, depuis une dizaine d'années, le monde connaît une nouvelle vague de transformation : l'émergence algorithmes toujours plus sophistiqués qui, après avoir permis le développement des moteurs de recherche, sont actuellement au cœur des techniques d'analyse de données massives dites *big data* et de l'intelligence artificielle.

Ces avancées technologiques ont contribué à la création d'un nouvel espace devenu nouveau théâtre de guerre : l'espace cyber. La guerre étant, comme vu en introduction, l'utilisation de moyens autres que la politique pour parvenir à une forme de contrôle sur son adversaire, nous considérons que la « guerre numérique » ou « cyberguerre[1] » est l'utilisation des différentes composantes du cyberespace à des fins de contrôle.

Mais qu'est-ce que le cyberespace ? Bien que le terme continue à faire débat, le « cyberespace » est le plus souvent défini par trois couches : une couche matérielle (le

1. Pour des raisons de simplicité, nous utiliserons les mots *cyber* et *numérique* de manière interchangeable tout au long de l'ouvrage, malgré les nuances que nous venons d'établir.

hardware), une couche applicative (le *software*) et une couche cognitive (les contenus et les utilisateurs). La couche matérielle, ou « physique », comprend tous les composants informatiques tangibles du cyberespace, des câbles sous-marins aux ordinateurs et aux objets connectés (smartphones, imprimantes, montres Bluetooth...). La couche applicative, appelée également couche « logique », correspond aux logiciels, aux systèmes d'exploitation et aux applications web ou mobiles qui régissent l'usage de la couche matérielle et la présentation des contenus de la couche cognitive. Cette dernière couche, aussi dite « sémantique », caractérise l'ensemble des informations stockées et échangées par le biais des outils numériques. En d'autres mots, cette strate correspond aux « contenus » du cyberespace, que l'on peut alors distinguer des « contenants » représentés par les deux premières strates – distinction essentielle que nous approfondirons dans les pages qui suivent. Et comme nous le verrons dans le chapitre 5, cette dernière couche est souvent négligée par les doctrines de cyberdéfense et cybersécurité occidentales, alors qu'elle est au cœur des préoccupations de leurs adversaires.

Les forts liens de parenté qui lient le numérique d'aujourd'hui et l'informatique née au milieu du XXe siècle donnent à certains l'impression que la guerre numérique n'est en réalité d'une simple évolution, et non une révolution. Ce rapprochement est pourtant trompeur : la transformation engendrée par la révolution numérique n'est pas du même ordre, elle dépasse largement l'impact de l'informatique.

L'informatique a certes eu un impact considérable sur les armes et donc sur les doctrines de combat conventionnelles et joue depuis son apparition un rôle essentiel dans le fonctionnement des armées modernes. Les systèmes informatiques facilitent la communication, optimisent les chaînes logistiques, et améliorent les capacités et la performance des équipements, comme ils le font d'ailleurs pour tous les secteurs économiques. On pensera notamment à l'importance des systèmes embarqués, du géopositionnement (GPS) et, de plus en plus, des systèmes d'armes connectés. Aussi conséquents soient-ils, ces changements ne sont venus qu'en appui des innovations déjà apportées par l'électronique et la mécanisation pour perfectionner les modes opératoires des trois corps d'armée historiques : l'armée de terre, la marine et l'aviation.

La révolution numérique prolonge et intensifie les impacts de l'informatique sur les armes et les manœuvres conventionnelles, mais elle se caractérise surtout par une innovation continue, une démocratisation des moyens informatiques, et par conséquent, une interconnexion générale entre l'ensemble des secteurs de l'économie et de la société. Les technologies de l'information sortent ainsi de leur champ technique pour se retrouver dans les mains de chaque citoyen, grâce notamment au développement d'Internet, à l'omniprésence des smartphones et autres objets connectés, et à la numérisation quasi totale de l'information. Cette « quatrième révolution industrielle », comme disent les dirigeants économiques, met autant l'emphase sur l'expansion de l'espace *informationnelle* que sur les progrès techniques de l'informatique.

Toute nouvelle activité humaine ayant tôt ou tard un volet transgressif, la révolution numérique n'a pas échappé à cette règle, qui s'est rapidement traduite par l'apparition et la croissance phénoménale du piratage informatique (en anglais, *hacking*). Le hacking se manifeste initialement comme une activité ludique, aux mains de jeunes passionnés découvrant une manière excitante et novatrice de repousser les limites du réel ou d'enfreindre la loi, en pénétrant à distance les réseaux informatiques protégés d'institutions officielles.

Certains de ces hackers ayant alors la tentation de joindre l'utile à l'agréable, ils décident de tirer des avantages financiers de leurs activités. Une part d'entre eux choisit alors de rejoindre des entreprises ou des agences gouvernementales. D'autres en revanche passent du transgressif à l'illicite, et entrent dans un monde allant de la simple délinquance à celui de la mafia et du crime organisé. Cela conduit à l'explosion mondiale de la cybercriminalité dont le marché mondial est estimé entre 0,8 % et 1,5 % du PIB mondial[1]. Ce « boom » de la cybercriminalité s'explique par ses deux grands « atouts

1. 600 milliards de dollars selon les estimations du CSIS et de McAfee, 1 500 milliards de dollars selon d'autres chercheurs :

MARCHARD, Leïla, « La cybercriminalité coûte 600 milliards de dollars par an » [en ligne], Les Échos, 2 février 2018. Disponible sur https://www.lesechos.fr/21/02/2018/lesechos.fr/0301330695319_la-cybercriminalite-coute-600-milliards-de-dollars-par-an.htm

MCGUIRE, Mike, « *The web of profit : a look at the cybercrime economy* » [en ligne], *Venture Beat*, 21 avril 2018. Disponible sur https://venturebeat.com/2018/04/21/the-web-of-profit-a-look-at-the-cybercrime-economy/

concurrentiels » par rapport à la criminalité ordinaire : d'une part la capacité à agir de manière instantanée et anonyme et, d'autre part, l'existence d'un effet d'échelle permettant de fortement multiplier ses gains sans véritable effort supplémentaire. Comme dans la rue, il y a les petits voleurs et les grands gangsters du cyberespace, avec des crimes allant de la simple fraude en ligne jusqu'au détournement de dizaines de millions de dollars, comme l'illustre un gigantesque piratage de la banque centrale du Bangladesh début 2016.

Évidemment, les états ont vite discerné ces attributs et tenté d'en tirer profit. Car au-delà des avantages perçus par les criminels, le cyberespace présente aussi des atouts importants pour les services de sécurité et de défense d'un état. On notera d'ailleurs que les frontières entre le monde des hackers indépendants, de la cybercriminalité et de la cyberguerre sont en partie poreuses, les services de sécurité étatiques faisant appel, de temps à autre, à des groupes de hackers externes. Dans certains pays, ces hackers externes peuvent être des cybercriminels, plus ou moins aguerris selon les besoins exprimés par le gouvernement. Le recours à ces « cybermercenaires » permet aux états de minimiser leur risque, particulièrement d'un point de vue réputationnel.

Nous l'avons vu, la révolution numérique prolonge et intensifie les impacts de l'informatique sur les armes et manœuvres conventionnelles. Cependant, les caractéristiques du cyberespace transforment de manière beaucoup plus radicale trois activités historiques – mais longtemps subordonnées aux actions conventionnelles – des services de sécurité et de défense : l'espionnage, le sabotage et l'influence. Autrefois trop coûteuses et restreintes pour assurer la victoire à elles seules, ces trois activités changent aujourd'hui d'échelle et passent au premier plan de l'action stratégique.

Les parallèles entre le hacking et l'art du renseignement, du sabotage, et de l'influence sont étonnamment frappants. Les opérations d'espionnage, de sabotage et d'influence démarrent toutes par une phase d'infiltration[1], suivie d'une phase de clandestinité, pour enfin déboucher sur l'action visée. Elles partagent ainsi toutes les phases d'une cyber-attaque. De la même façon que la présence dans le camp adverse est nécessaire pour espionner, saboter et mener une campagne d'influence traditionnelle, l'infiltration par voie numérique est le point de départ de toute activité de cyberespionnage, de cybersabotage et de « cyberinfluence » – la notion d'infiltration pouvant évoquer à la fois la pénétration d'un système informatique et l'intrusion dans une communauté d'individus par le biais des réseaux sociaux[2]. Après cette première phase de reconnaissance et d'infiltration, les cyber-opérations entrent dans leur deuxième phase, pendant laquelle l'attaquant creuse sa position et

1. Certaines études distinguent parfois une étape préalable dite de reconnaissance, qui correspond à une phase de préparation et sert à étudier la cible, trouver une entrée et anticiper les gains potentiels avant de lancer l'infiltration.

2. L'utilisation du mot anglais « hack » reflète aujourd'hui ces multiples manières de concevoir l'infiltration.

sécurise ses accès au système ciblé. Cette période de clandestinité est nommée la phase « d'implantation[1] ». Enfin, le hacker effectue l'action envisagée : vol, modification, diffusion ou destruction de données, endommagement des systèmes... C'est cette dernière phase qui distingue véritablement une opération de cyber-espionnage, de cyber-sabotage, et de cyber-influence, bien que l'agresseur ait intérêt à l'anticiper dès les premières étapes de l'opération.

Déchiffrons les différents modes opératoires qui s'appliquent aux trois étapes d'une cyber opération (infiltration, implantation, exploitation), afin d'identifier plus précisément leurs avantages par rapport à leurs équivalents pré-numériques.

L'infiltration

Avant l'arrivée du numérique, l'infiltration ne pouvait se faire que par la voie d'agents clandestins – pouvant aller jusqu'à la constitution de cellules révolutionnaires ou terroristes – ou par le recrutement de membres du camp adverse, communément appelés des « taupes ». Les infiltrations réussies relèvent habituellement d'un véritable travail d'artisan, tant de la part des infiltrés que de la part de leur centre de commandement, avec les coûts financiers et la complexité opératoire que cela sous-entend. Que l'on pense à la lutte menée sous l'occupation

1. Ou de « latéralisation » dans le langage d'expert en cybersécurité.

par les maquisards français, aux attentats perpétrés en France par l'Organisation de l'armée secrète (OAS) pendant les années 1960, ou à l'assassinat d'Oussama ben Laden, il est évident qu'une opération clandestine requiert une préparation ainsi qu'une exécution méticuleuse et qu'elle ne peut dépasser une certaine taille, au risque d'être détectée[1]. Pour chaque opération ayant atteint ses objectifs, nombre d'autres sont déjoués et les combattants arrêtés, payant parfois de leur vie.

Le recrutement de « taupes » permet des infiltrations plus profondes, mais présente ses propres limites. Étant donné les risques qu'ils encourent par leurs activités clandestines, les agents ont besoin d'être séduits, parfois manipulés, par l'un, voire plusieurs des motifs suivants : l'argent, l'idéologie, le chantage et l'ego. Sous différents acronymes[2], ces termes réfèrent dans le monde du renseignement aux points faibles d'une « source humaine ». Ils résument les conditions nécessaires à l'infiltration d'un organisme ou d'une communauté sans passer par une interception des communications. La Guerre froide offre plusieurs exemples notables. Les « Cinq de Cambridge » (the *Cambridge Five*), cinq membres du service de renseignement britannique, devenus célèbres pour avoir passé des informations aux services soviétiques des années trente aux années soixante, ont tous admis

1. Citons le fait qu'avant les attentats du 15 novembre 2015, l'attentat le plus meurtrier restait l'attentat du train Strasbourg-Paris de 1961 (28 morts), devant l'attentat de la rue Saint-Nicaise, qui fit 22 morts en 1800

2. AISE (argent, idéologie, sexe, ego), VICE (vénal, idéologie, compromission, ego) ou en anglais MICE (money, ideology, coercion, ego).

leur sympathie envers l'idéal communiste. L'inverse est vrai des officiers soviétiques déçus du communisme, tels que le lieutenant-colonel Vladimir Vetrov. Responsable à l'époque de la section Europe occidentale du KGB, l'agence de renseignement de l'URSS, Vetrov devint de sa propre initiative un informateur des services français en 1981, dans une des plus grandes affaires d'espionnage de l'ère moderne qui lui vaudra d'être exécuté en 1985. Chez d'autres espions, l'argent et l'ego expliquent la trahison. Ce fut le cas de Robert Hanssen, agent du FBI condamné en 2002 à la perpétuité pour avoir passé des informations aux services russes pendant plus de vingt ans. Son dossier judiciaire indique qu'il a reçu au cours de cette période plus de 1,4 million de dollars sous la forme de virements et de diamants, mais qu'il était d'autant plus motivé par les frissons et l'amour-propre qu'il tirait de ses actes, compensant de profondes frustrations professionnelles. L'argent fut aussi le principal élément ayant motivé la coopération avec les services de renseignement britanniques du colonel Sergueï Skripal, rendu depuis célèbre par la tentative d'assassinat dont il fut victime en mars 2018. Si nécessaire, les services de renseignement savent aussi faire du chantage à leurs cibles. Le diplomate britannique John Vassal en fut l'une des malheureuses victimes : lors de son détachement à Moscou, des membres du KGB l'obligèrent à leur remettre pendant plus de six ans des informations classifiées, sous peine de publier des preuves compromettantes de son homosexualité, à une époque où celle-ci était encore passible de prison au Royaume-Uni.

Le renseignement humain a donc un coût important. D'une part, un coût de recrutement et de compensation, puis surtout un coût de suivi permettant aux organismes traitants de communiquer avec leurs agents, de les surveiller et de vérifier l'authenticité des informations qu'ils transmettent. On observe également que dans les grandes affaires d'espionnage, les services de renseignement bénéficient le plus souvent de circonstances fortuites – la plupart des sources se présentant de leur propre initiative. Les services de renseignement ont au final peu de contrôle sur leurs agents. Le groupe menant l'infiltration n'est d'ailleurs jamais à l'abri d'être abandonnés pas ses agents, voire pire, qu'ils soient secrètement retournés au compte de l'adversaire ou d'un pays tiers[1]. Enfin, malgré la vision lyrique véhiculée par les multiples récits mettant en scène des espions de manière héroïque dans la culture populaire, la réalité est souvent moins envoûtante. Outre les conditions de vie souvent contraignantes, les infiltrés font face à des risques importants en cas de capture, particulièrement dans des pays autoritaires. Les informations transmises par Robert Hanssen au KGB avaient d'ailleurs entraîné la mort de plusieurs agents œuvrant pour les États-Unis en Russie, démasqués par les révélations de l'américain[2].

Le cyberespace élargit considérablement l'univers des possibles. On distingue quatre modes opératoires

1. On pensera par exemple à Arthur Owens, un industriel gallois qui pendant la Deuxième Guerre mondiale consultait les services britanniques avant et après tous ses échanges avec les services allemands, alors que ces derniers le considéraient comme une de leurs sources les plus précieuses.

2. WISE, David, « *Diamonds are a spy's best friend* » [en ligne], *LA Times*, 25 février 2001. Disponible sur http://articles.latimes.com/2001/feb/25/opinion/op-29985

permettant une infiltration à l'ère numérique : le hacking « pur » où l'attaquant s'insère dans un système en exploitant ses vulnérabilités techniques ; l'ingénierie sociale (*social engineering*), qui s'appuie notamment sur l'usurpation d'identité pour tromper les utilisateurs ; l'utilisation de la chaîne d'approvisionnement (*supply chain hacking*) pour introduire des composants informatiques ou des logiciels préalablement corrompus chez la cible ; et bien entendu, l'utilisation plus classique d'agents ou de taupes pour obtenir un accès physique au système informatique visé. Ces quatre approches peuvent être combinées pour garantir des chances de succès maximales.

Le premier mode opératoire implique de pouvoir identifier puis exploiter une faille dans le système informatique visé. Il a tendance à être le plus complexe à exécuter d'un point de vue technique, du moins lorsque la cible est bien gardée. Dans les cas les plus simples, un hackeur peut par exemple profiter des champs de saisie de texte d'un site web ou d'une application (souvent, les deux boîtes permettant d'entrer un nom d'utilisateur et un mot de passe) pour entrer des commandes qui, une fois reçues par le serveur, entraînent la publication de tous les identifiants et mots de passe d'utilisateurs enregistrés sur le site web. Ce procédé, nommé une injection SQL, est très courant et fait partie des attaques les plus fréquemment utilisées au niveau mondial[1]. Nombreux sont les cas de négligence encore plus extrêmes

1. Imperva, « *2,015 Web Application Attack Report* » [en ligne], 2015. Disponible sur https://www.imperva.com/docs/HII_Web_Application_Attack_Report_Ed6.pdf

qui laissent la porte grande ouverte à n'importe quel apprenti pirate. Exemple fréquent : le fait de conserver les mots de passe constructeur d'un objet connecté. Cette négligence permet entre autres de pirater une imprimante, et d'accéder ainsi à tous les documents qui lui sont envoyés pour impression – une aubaine si l'imprimante est située dans le bureau d'un ministre ! Toutefois, de la même manière qu'il suffit d'investir dans une bonne serrure et des grilles de fenêtres pour se défendre de la majorité des tentatives de cambriolage, ce type de vulnérabilité est facile à éviter, et il est rare de les retrouver sur les plateformes d'éditeurs reconnus ou au sein d'organismes sécurisés.

En réalité, les hackeurs les plus sophistiqués s'appuient généralement sur des failles dont les éditeurs de logiciels et systèmes d'exploitation ne connaissent pas l'existence, et contre lesquelles il n'existe donc (quasiment) aucune défense, laissant le champ libre aux agresseurs. Ces failles sont appelées dans le jargon technique des vulnérabilités « *zero-day* », car cela fait « zéro jour » que l'éditeur du logiciel en a connaissance, après quoi elles deviennent des vulnérabilités « *one-day* ». Une vulnérabilité perd ainsi en valeur au fur et à mesure que ce nombre de jours augmente, puisque la probabilité que l'éditeur puisse développer un remède augmente avec le temps. Même après divulgation, ces vulnérabilités peuvent rester présentes un long moment avant d'être corrigées, particulièrement si le logiciel n'est plus maintenu par l'éditeur ou si les utilisateurs manquent d'installer les mises à jour. Une étude menée par la Rand Corporation en 2017 estime, d'après leur échantillon, qu'une vulnérabilité *zero-day* reste exploitable en moyenne sept ans après avoir été mise au point, un quart des *zero-day* étudiées ayant eu une durée vie supérieure à 9 ans et demi[1] ! L'attrait pour ces vulnérabilités est tel qu'il existe aujourd'hui des marchés plus ou moins officiels où des hackers professionnels identifient ces failles et les revendent, soit à l'entreprise qui commercialisant le logiciel[2], soit au plus offrant – organismes gouvernementaux, groupes privés... ou cybercriminels[3]. Le FBI a d'ailleurs fameusement avoué avoir payé plus de 1,3 million de dollars à une compagnie privée pour une *zero-day* permettant d'accéder aux données de l'iPhone de l'un des individus ayant perpétré l'attentat de San Bernardino en 2015[4]. Apple refusait de débloquer l'accès aux données du téléphone, échaudé par le scandale de la NSA et soucieux de son image auprès de l'opinion publique[5].

1. ABLON, Lillian, BOGART, Andy, *"Zero days, thousands of nights : the life and times of zero-day vulnerabilities and their exploits"* [en ligne], RAND Corporation, 2017. Disponible sur https://www.rand.org/content/dam/rand/pubs/research_reports/RR1700/RR1751/RAND_RR1751.pdf

2. Dans le cadre de « chasses aux bugs » organisées par des organismes comme HackerOne.

3. Exemple de Zerodium pour les achats officiels : https://www.cyberscoop.com/zero-day-vulns-are-rarer-and-more-expensive-than-ever/

4. FARIVAR, Cyrus, *"FBI paid at least $1.3M for zero-day to get into San Bernardino's iPhone"* [en ligne], *Ars Technica*, 21 avril 2016. Disponible sur https://arstechnica.com/tech-policy/2016/04/fbi-paid-at-least-1-3m-for-zero-day-to-get-into-san-bernardino-iphone/

5. Pour Tim Cook, le patron d'Apple, « concevoir un logiciel permettant un accès détourné à l'iPhone reviendrait à créer un passe-partout dans le monde physique capable d'ouvrir des centaines de milliers de verrous, qu'il s'agisse de restaurants, de banques, de magasins ou de maisons. » Voir la déclaration officielle d'Apple du 16 février 2016 : https://www.apple.com/customer-letter/

La complexité et le prix des *zero-day* conduisent les hackers à trouver des moyens plus économes en temps et en argent pour atteindre leurs cibles. Or, comme le répètent tous les experts en cybersécurité, « l'utilisateur est le maillon faible de la chaîne de sécurité ». C'est donc sans surprise que nombre de hackeurs se tournent vers un deuxième mode opératoire nommé l'ingénierie sociale (de l'anglais *social engineering*). Ce cas de figure voit l'agresseur piéger les utilisateurs, afin de leur faire effectuer par mégarde une action compromettant la sécurité de leurs comptes numériques ou du système sur lequel ils opèrent. L'agresseur joue sur la curiosité, les pulsions et la négligence, traits de caractère si ordinaires que cette méthode d'infiltration prédomine tant chez les amateurs qu'au sein des services les plus réputés.

Les attaques par ingénierie sociale les plus répandues sont l'hameçonnage (en anglais *phishing attack*) et le harponnage (en anglais *spear-phishing attack*). Ils consistent à envoyer un message rédigé de manière à duper le destinataire afin de l'inciter, dans la plupart des cas, à cliquer sur un lien ou ouvrir une pièce jointe. Le message – promettant par exemple une récompense monétaire ou l'accès gratuit à une exclusivité – sert d'appât, tandis que les liens ou les pièces jointes servent d'hameçon : ils redirigent l'utilisateur vers une page web contrôlé par l'agresseur ou installent un logiciel malveillant qui donne à l'agresseur accès au système. Le harponnage est une version plus élaborée et plus ciblée d'hameçonnage. Plutôt que d'envoyer un message générique à des centaines voire des milliers d'utilisateurs, l'agresseur crée un message sur mesure, aux allures véridiques et faisant écho aux centres d'intérêt des utilisateurs ciblés afin de baisser la garde de leurs victimes. L'adresse mail utilisée par l'expéditeur – le hackeur – sera souvent construite de manière à sembler légitime, imitant par exemple le format d'une adresse appartenant au même organisme que les destinataires visés. Bien que le harponnage nécessite quelques efforts, il reste relativement peu coûteux par rapport à une infiltration pré-numérique : les informations permettant de personnaliser les messages peuvent souvent être obtenues à partir d'une simple recherche internet, de profils Linkedin ou d'archives existantes dans le cas des services de renseignements, et un même hackeur peut mener des dizaines de campagnes de harponnage en parallèle[1]. Les utilisateurs ayant la fâcheuse tendance à réutiliser les mêmes identifiants et/ou mots de passe d'une application à une autre, l'attaquant peut rapidement élargir ses accès puis s'en servir pour tromper d'autres utilisateurs à partir des comptes de l'individu qu'il a piégé.

C'est par exemple de cette manière que le parti démocrate américain puis l'équipe de campagne de la candidate Hillary Clinton ont été infiltrés entre 2015 et 2016. Plus de 130 cadres du parti et de l'équipe de campagne[2], dont son directeur John Podesta, ont reçu un courrier électronique

1. C'est ce que certains entendent par la phase de « reconnaissance » citée plus tôt.

2. SATTER, Raphael, *"Inside story: how Russians hacked the democrats' emails"* [en ligne], *The Associated Press*, 4 novembre 2017. Disponible sur https://www.apnews.com/dea73efc01594839957c3c9a6c962b8a/Inside-story:-How-Russians-hacked-the-Democrats%27-emails

reprenant le fond et la forme d'une alerte automatique de Google indiquant que leur compte de messagerie avait subi une tentative de piratage et leur recommandant par conséquent de cliquer sur un lien pour changer leur mot de passe. Ce lien les redirigeait vers une page web imitant avec rigueur la page d'authentification de Google, mais permettant aux hackeurs de capter les nouveaux identifiants saisis par les cadres du parti – leur donnant ainsi la clé permettant d'accéder à leur messagerie, mais souvent aussi au poste professionnel. Le même mode opératoire avait été utilisé pour infiltrer le Département d'État américain et la Maison-Blanche à l'automne 2014 : des employés avaient reçu des emails à caractère professionnel avec, à titre d'exemple, des documents contenant des informations sur la situation politique en Ukraine[1]. Lorsqu'un employé téléchargeait et ouvrait ces pièces jointes, les hackeurs obtenaient l'accès à son compte. Ils se sont ensuite servis des boîtes de messagerie piratées pour envoyer des emails à des employés de la Maison-Blanche, qui avaient alors toutes les raisons de penser que les emails étaient légitimes. Les hackeurs parvinrent ainsi à accéder aux serveurs non classifiés de la résidence présidentielle.

L'ingénierie sociale ne sert cependant pas uniquement à faciliter l'infiltration d'un système informatique. Elle permet également d'infiltrer une communauté d'individus

1. THIELMAN, Sam, ACKERMAN, Spencer, *"Cozy Bear and Fancy Bear: did Russians hack Democratic party and if so, why?"* [en ligne], *The Guardian*, 29 juillet 2016. Disponible sur https://www.theguardian.com/technology/2016/jul/29/cozy-bear-fancy-bear-russia-hack-dnc

par le biais d'outils numériques. Cette seconde forme d'ingénierie sociale, utilisée principalement dans les opérations de cyberinfluence, vise à tromper les membres d'un réseau social (Facebook, Twitter...), d'un forum de discussion (Reddit, 4Chan, mais aussi JeuxVideo.com...), ou d'une application de messagerie (Whatsapp, Télégram...) sur son identité afin d'obtenir l'accès à des groupes de discussion et légitimer le contenu de ses messages. Le procédé est très simple : le « cyberclandestin » crée un ou plusieurs comptes sur une des plateformes et les dote d'attributs (nom, photo de profil, description...) qui permettent à la fois de rendre chaque compte crédible et de susciter l'intérêt des autres utilisateurs. Les faux comptes les plus réussis reflètent une compréhension fine de la culture et psychologie de la communauté visée. Les détenteurs de ces faux-comptes prennent ensuite souvent soin de s'entourer d'un écosystème numérique – blogs, chaînes YouTube, médias classiques ou sites d'information soi-disant « alternatifs » créés sur mesure – qui reprend ou corrobore le contenu des messages émis sur les réseaux sociaux.

Toutefois, aucun besoin d'investir dans la création de faux documents pour corroborer sa « légende », comme les services de renseignement le feraient pour leurs officiers. En effet, le droit à l'anonymat reste fondamental sur Internet. Aucune loi ou plateforme n'oblige formellement un utilisateur à révéler sa véritable identité pour utiliser leurs services, malgré les maigres tentatives de Facebook d'interdire l'usage de pseudonymes sur son site.

Le cyberclandestin peut cependant craindre d'être détecté et compromis si ses propos ou activités enfreignent la loi, le contenu de ces réseaux sociaux étant souvent public, ou du moins ouvert à un groupe suffisamment large pour remonter aux autorités. Ces dernières pourraient alors l'identifier, par exemple en retraçant son activité jusqu'à son adresse au travers de son fournisseur Internet. Certains choisissent alors de basculer sur des canaux de communication moins fréquentés par les autorités comme les forums de jeux vidéo (PlayStation, Xbox...), voire vers des outils de messageries complètement cryptées comme Whatsapp, Télégram, ou Signal, mais ces options restreignent l'audience et donc la portée de l'infiltration. S'il souhaite encore plus de discrétion, un hackeur peut dissimuler son activité numérique par l'usage de VPNs ou rediriger ses efforts vers les forums du *Dark Web* – la face cachée de l'Internet. L'utilisation de ces techniques d'infiltration est comme nous le savons très répandue au sein des mouvances idéologiques, notamment des réseaux terroristes, pour répandre leur propagande et identifier de nouvelles recrues, mais cela n'empêche pas les agences de renseignement et les services de police de les utiliser pour surveiller et traquer des suspects de manière incognito.

En marge du piratage technique et de l'ingénierie sociale, une autre méthode d'infiltration numérique prend une ampleur importante depuis quelques années : l'infiltration par le biais de la chaîne d'approvisionnement, connu sous son nom anglais de *supply chain hacking*. Cette approche consiste à prépositionner des vulnérabilités dans du matériel informatique (composants physiques ou logiciels) qui sera ensuite acheté et utilisé par l'organisation ou l'individu cible, voire simplement par l'un de ses sous-traitants. L'agresseur peut alors exploiter ces vulnérabilités pour accéder au composant et potentiellement à l'ensemble du réseau de l'organisme à distance – comme si un maçon ajoutait une entrée dont il est le seul à avoir connaissance et s'en servait ensuite pour s'introduire dans le bâtiment sans effraction. L'approche a l'avantage de permettre une infiltration plus discrète, plus en profondeur et donc d'envergure d'autant plus massive.

L'Union Africaine en a fait les frais de janvier 2012 à janvier 2017, lorsque les informaticiens de son quartier général – construit par des entreprises chinoises, avec systèmes informatiques livrés clés en main – découvrirent que chaque nuit, l'intégralité du contenu des serveurs du bâtiment était transférée vers des ordinateurs situés à Shanghai. L'État chinois aurait ainsi eu accès pendant cinq ans non seulement à l'ensemble des documents produits par l'organisation, mais également aux lignes téléphoniques et aux micros de visioconférence installés sur le site[1]. En pratique, l'infiltration par la voie des chaînes d'approvisionnement est particulièrement attractive pour les pays producteurs et exportateurs d'équipements informatiques – au premier chef la Chine et les États-Unis – dont les agences de renseignement bénéficient d'un accès facilité,

1. TILOUINE, Joan, « À Addis-Abeba, le siège de l'Union africaine espionné par Pékin » [en ligne], Le Monde, 26 janvier 2017. Disponible sur : https://www.lemonde.fr/afrique/article/2018/01/26/a-addis-abeba-le-siege-de-l-union-africaine-espionne-par-les-chinois_5247521_3212.html

parfois consensuel, aux chaînes de production de fournisseurs mondiaux. Cette dynamique explique en partie les pressions récentes du Congrès et du Département de la Défense américain pour interdire l'achat de téléphones et de routeurs fabriqués par les entreprises chinoises ZTE et Huawei au sein l'administration américaine.

Enfin, outre le piratage informatique et l'ingénierie sociale, les opérations numériques peuvent elles aussi bénéficier de l'infiltration physique d'agents, ou de la présence d'individus qui décident d'agir pour l'une des raisons énumérées précédemment (argent, idéologie, chantage, ego,) soit en infectant volontairement les systèmes auxquels ils ont accès, soit plus simplement en profitant de leurs accès pour dérober des informations stockées sur le système. Dans son exécution, ce troisième mode opératoire est peu différent de ses équivalents pré-numériques. En revanche, comme nous le verrons, le numérique permet à ces individus d'avoir un impact beaucoup plus important qu'ils ne pouvaient l'avoir par le passé.

L'implantation

Nous venons ainsi de couvrir la quasi-totalité des modes opératoires permettant l'infiltration, la première phase d'une cyberattaque. Mais alors, que diable est un cheval de Troie, un virus ou un « ver informatique » (de l'anglais *worm*) ? Ces termes si fréquemment utilisés dans la presse pour qualifier une cyberattaque, désignent en réalité différentes catégories de logiciels malveillants.

Les logiciels malveillants, aussi nommés maliciels (en anglais, *malware*), servent à exécuter la deuxième et la troisième phase d'une attaque. Une fois installés sur un système par le biais d'une des méthodes d'infiltration détaillées ci-dessus, ils permettent d'effectuer, selon leur complexité, un éventail quasi-illimité d'actions sur le système compromis. L'attaquant peut par exemple se servir d'un cheval de Troie, d'un virus, ou d'un ver informatique (voire d'une combinaison de ces logiciels) pour consolider son accès au système qu'il vient d'infiltrer, acquérir des droits administrateurs, se propager vers d'autres systèmes connectés au même réseau[1] ou encore sonder un système ou réseau afin d'identifier l'emplacement des fichiers qui l'intéressent. Ces actions forment la phase « d'implantation ». Les maliciels peuvent aussi servir à voler des données ou endommager le système, mais nous reviendrons sur ces utilisations lors de la troisième phase.

Le cheval de Troie est généralement le moins complexe des trois. Déguisé sous la forme d'un fichier ou logiciel anodin, le cheval de Troie permet à lui seul d'effectuer une large panoplie d'attaques. Cependant, comme sa version antique, il sert très souvent à créer des portes dérobées dans le système de façon à faciliter l'implantation de l'agresseur, élargir ses accès et lui permettre de poursuivre son attaque en cas de fermeture de son point d'entrée. L'agresseur peut ensuite se servir de ses accès pour installer des programmes plus nocifs – virus ou vers

1. Cette action est nommée « mouvement latéral » ou « phase de latéralisation » dans le jargon technique.

informatiques – qui auraient autrement attiré l'attention de l'utilisateur ou d'un logiciel antivirus.

Les virus et vers informatiques se distinguent des autres logiciels malveillants par leur capacité à se répliquer par eux-mêmes, et ainsi, à se propager sur un système ou réseau informatique[1]. Ils peuvent notamment exploiter des vulnérabilités *zero-day* pour effectuer une deuxième infiltration plus profonde et s'insérer dans le système d'exploitation. Comme leur nom le suggère, les virus nécessitent un fichier « hôte » (un PDF, une image, un programme…), et ne se répliquent que lorsque ce fichier est ouvert ou dupliqué. Les vers informatiques peuvent quant à eux se propager de manière complètement autonome une fois implantés sur un système, sans aucune action des utilisateurs, ce qui les rend d'autant plus dangereux. Les cyberattaques les plus redoutables, et par extension les plus connues, émanent de vers informatiques. On retiendra notamment :

- Le ver *Stuxnet*, conçu par les services américains et israéliens pour endommager les centrales nucléaires iraniennes de 2009 à 2011. Il reste à ce jour le logiciel malveillant le plus sophistiqué jamais construit[2].
- Le ver *Shamoon*, utilisé à deux reprises – en août 2012 puis, dans une version légèrement modifiée, en novembre 2016 – contre les systèmes informatiques de plusieurs firmes énergétiques saoudiennes, et

1. CISCO, *"What is the difference: viruses, worms, trojans and bots?"* [en ligne], Juin 2018. Disponible sur https://www.cisco.com/c/en/us/about/security-center/virus-differences.html
2. Pour plus d'informations, nous recommandons le documentaire *Zero Days* (2016).

attribué au gouvernement iranien. En l'espace de quelques heures, le ver parvient à détruire 35 000 postes de travail de Saudi Aramco, fournisseur de 10 % de la consommation mondiale de pétrole. Souhaitant éviter tout impact sur ses ventes, l'entreprise envoie des représentants dans les usines de composants informatiques asiatiques pour rafler la production afin de remplacer au plus vite ses postes de travail, engendrant selon certaines analyses une hausse mondiale du prix moyen d'un ordinateur durant quelques mois[1].

- Le ver *WannaCry*, qui en mai 2017 interrompt le fonctionnement de près de 300 000 ordinateurs aux quatre coins du monde, paralysant notamment le fonctionnement de nombreux hôpitaux britanniques. *WannaCry* est qualifié de ver « rançongiciel », car il chiffre l'accès aux données du système et demande un paiement (une « rançon ») pour les déchiffrer. Attribué à un groupe de hackers nord-coréens, le ver utilisait une vulnérabilité *zero-day* initialement développée par la NSA américaine, mais volée et rendue publique deux mois plus tôt[2].
- Un mois après l'attaque *WannaCry*, le ver *NotPetya*, réutilise les mêmes vulnérabilités pour se propager et contaminer en quelques heures plus de 130 institutions ukrainiennes (ministères, réseau électrique,

1. PAGLIERY, Jose, « *The inside story of the biggest hack in history* » [en ligne], *CNN Business*, 5 août 2015. Disponible sur https://money.cnn.com/2015/08/05/technology/aramco-hack/index.html

2. Nommée *EternalBlue*, cette vulnérabilité des systèmes Windows, avait été rendue publique en mars 2017 par un groupe se prénommant les *ShadowBrokers*. Microsoft avait alors publié un patch de correction, mais les utilisateurs affectés ne l'avaient pas installé. Le fait que la NSA avait connaissance de ces failles depuis un moment, mais avait préféré les exploiter à ses propres fins (offensives) plutôt que de les signaler immédiatement à Microsoft fit que la NSA fut accusée d'être en partie coupable de l'attaque.

infrastructures bancaires,...) ainsi que les compagnies opérant dans le pays. Mais contrairement à *WannaCry*, *NotPetya* détruit délibérément le contenu des postes infectées, obligeant les victimes, dont plusieurs grands groupes internationaux comme Saint-Gobain ou Maersk, à interrompre plusieurs semaines leurs opérations le temps de pouvoir remplacer leurs dizaines de milliers de serveurs et d'ordinateurs. La Russie est accusée d'être derrière *NotPetya*.

Lorsque le cyberclandestin s'est infiltré dans des communautés numériques (notamment *via* les réseaux sociaux), plutôt que dans des systèmes informatiques, la phase d'implantation se déroule un peu différemment. Le clandestin cherchera d'abord à élargir son réseau de contacts – son cercle « d'amis » ou de *followers* – et à rejoindre de nouveaux groupes et listes de distribution afin de continuer à gagner en crédibilité et maximiser la portée de ses messages. Ces efforts peuvent être renforcés par la création d'autres faux-comptes sur le même réseau ainsi que de comptes associés – ayant le même nom ou la même photo – sur d'autres réseaux sociaux et automatiser leur activité à l'aide de logiciels robots. Ces « bots » permettront, selon le niveau de sophistication du logiciel, de relayer les messages de comptes opérés par des humains, mais aussi de composer et diffuser des messages à partir de thèmes prédéfinis ou même de répondre à des utilisateurs du réseau communiquant sur ces thèmes, et ceci en plusieurs langues. Cette phase d'implantation offre également l'occasion de collecter des données sur les utilisateurs des réseaux, soit à des fins d'espionnage, soit pour préparer la phase offensive de l'attaque.

La phase d'implantation est aussi le moment de renforcer la visibilité et la portée des contenus postés sur les réseaux sociaux en agissant tant leur référencement que sur le référencement de l'écosystème de sites web, blogs et médias numériques sur lesquels le clandestin anticipe de s'appuyer. Le référencement traduit le positionnement d'un contenu ou site web sur un moteur de recherche ou sur un réseau social : plus le contenu est bien référencé, plus il figurera mis en avant dans le fil d'actualité ou la liste de résultats et par conséquent, plus son trafic ou son nombre de vues seront élevés. Le référencement s'améliore en exploitant des techniques bien connues du monde du marketing et de la publicité : l'optimisation pour moteur de recherche et l'optimisation pour réseau social (le plus souvent évoqués par leurs acronymes anglais, le SEO et le SMO, pour *search engine optimization* et *social media optimization*[1]). Un promoteur peut par exemple optimiser l'architecture de son site web, y insérer des mots-clés ou raccourcir le chemin d'accès (l'adresse URL) pour augmenter les chances que son site soit détecté. Sur les réseaux sociaux, les auteurs ont tout intérêt à utiliser des titres aguicheurs ou à investir dans la production de vidéos, qui sont largement mises en avant

1. Ces techniques faisant l'objet d'ouvrages complets, nous ne saurions leur rendre honneur en quelques lignes. Chaque moteur de recherche et réseau social est régi par des algorithmes qui déterminent l'ordre d'affichage des contenus. Le SEO et le SMO consistent à disséquer les critères codés dans ces algorithmes afin de s'assurer qu'un contenu (site web, tweet, post Facebook) y réponde.

par rapport au texte ou aux images. Ils peuvent également avoir recours à des méthodes malhonnêtes, mais efficaces si discrètes : par exemple, payer des utilisateurs ou créer des robots pour augmenter artificiellement le trafic vers leurs contenus. Les opérations d'influence russe sur les campagnes présidentielles américaines et françaises ont bénéficié du bon référencement des comptes créés sur les réseaux sociaux, ainsi que des médias russes comme Sputnik et RT, qui ont investi massivement dans le format vidéo en ligne – l'audience numérique de RT dépassait largement celles des grands quotidiens français quelques mois seulement après le lancement de sa version française – et qui parviennent souvent à remonter devant les quotidiens nationaux dans Google pour les sujets sensibles de politique internationale[1].

Une fois de plus, les bénéfices considérables d'une implantation par les moyens numériques sautent aux yeux par rapport aux contraintes de la clandestinité d'une source humaine. L'architecture des systèmes est souvent telle que, une fois infiltré, le cyberclandestin accède à un réseau bien plus vaste d'informations. Ses mouvements sont moins contraints – il est généralement libre de se déplacer, de se renseigner et ainsi d'effectuer des préparatifs au cœur du camp adverse sans se faire remarquer.

1. Notamment sur la Syrie et l'Ukraine. Voir CAUBEL, Théo, « RT France, Sputnik : dix choses à savoir sur les médias russes en France » [en ligne], *L'Obs*, 30 mai 2017. Disponible sur https://www.nouvelobs.com/rue89/rue89-sur-les-reseaux/20170102.RUE6087/rt-france-sputnik-dix-choses-a-savoir-sur-les-medias-russes-en-france.html

L'exploitation

Une fois que tout est en place, l'agresseur peut passer à l'offensive. Pour ce faire, il active les maliciels et les réseaux d'influence qu'il a implantés pour effectuer l'action envisagée. C'est alors que l'on discerne son réel objectif : espionnage, sabotage, influence, ou pour les opérations les plus sophistiquées, une combinaison des trois.

Les attaques à fin d'espionnage sont les plus simples à effectuer. Un cheval de Troie relativement basique suffit souvent pour identifier l'emplacement des documents répondant à des critères définis par l'agresseur et les exfiltrer. Le logiciel malveillant est alors qualifié de logiciel-espion (en anglais *spyware*). Il peut également permettre d'effectuer des captures d'écrans, de récupérer le flux d'enregistrement d'une caméra de vidéo-surveillance, ou même d'activer discrètement le microphone d'un téléphone ou d'un ordinateur pour enregistrer son utilisateur.

La simplicité du cyberespionnage en fait l'opération la plus difficile à détecter. Du point de vue de la victime, rien ne disparaît, rien ne change. Si elle est avisée, elle ne remarquera qu'une hausse sensible de son trafic internet et/ou de l'activité de son processeur, mais l'agresseur peut paramétrer son logiciel de façon à ce qu'il reste en veille la journée et exfiltre les documents pendant les heures creuses, ou au contraire privilégier les heures avec des pics de charges pour se fondre dans la masse. En 2017, le gouvernement fédéral américain a décidé d'interdire l'utilisation du logiciel antivirus Kaspersky – un des leaders du marché mondial – sous prétexte qu'il avait été infiltré par les services russes. Ces derniers s'en seraient servis pour ouvrir une porte dérobée sur les postes d'utilisateurs ayant installé le logiciel antivirus et masquer le vol d'informations dans les flux de données quotidiens entre le logiciel et les serveurs de Kaspersky.

Cette simplicité relative du cyberespionnage ne l'empêche cependant pas d'avoir un immense impact, principalement lié aux masses d'informations hautement confidentielles qui peuvent ainsi être récupérées. Le cyberespionnage chinois – combinant pénétrations informatiques et la collaboration plus ou moins volontaire d'employés utilisant leurs accès pour copier des fichiers – a par exemple permis, ces dernières années, aux entreprises numériques et industrielles du pays de réduire une part importante de l'avantage technologique de leurs concurrents étrangers et de faire des progrès phénoménaux dans les équipements militaires[1]. Dès 2009, les États-Unis ont notamment remarqué de fortes ressemblances entre les capacités du F-35, le dernier né de leur flotte d'avion de chasse, et celles de son concurrent chinois, le J-20. La Chine a ainsi réussi à lancer son avion de cinquième génération avant la Russie et quasiment en même temps que les États-Unis !

Les opérations de sabotage prennent une tournure très différente. Elles visent à empêcher ou dégrader le

1. MAGEN, Sharon, « *Cybersecurity and economic espionage : the case of Chinese investments in the Middle East* » [en ligne], décembre 2017, n° 1. Disponible sur http://www.inss.org.il/wp-content/uploads/2018/01/CyberENG1.3_6-5-20.pdf

fonctionnement d'un système – et par extension le fonctionnement de ses propriétaires – sans usage manifeste de la force. Le cybersabotage peut prendre plusieurs formes. Les attaques par « déni de service » sont les attaques les plus faciles à réaliser, et par conséquent, les plus répandues. L'agresseur inonde sa cible de requêtes de façon à ce que ses services (site web, application mobile), noyés sous le poids des sollicitations, deviennent inaccessibles. Ce type d'attaque, brut, mais efficace, ne nécessite donc aucune intrusion chez l'adversaire. En revanche, l'agresseur profite le plus souvent d'infiltrations préalables dans des systèmes peu ou pas protégés – ordinateurs à usage privatif, smartphones, et autres objets connectés[1] – pour créer un *botnet* (un réseau de systèmes-robots) et rediriger soudainement leur trafic vers sa cible. Un exemple particulièrement impressionnant de ce type d'attaque par déni de service dite « distribuée » (en anglais, *DDoS* pour *Distributed Denial of Service*) a touché les États-Unis et une part de l'Europe le 21 octobre 2016. En s'attaquant à Dyn, une entreprise qui fait office d'agent de circulation sur Internet et permet de faire le lien entre les utilisateurs grand public et des millions d'adresses web, les hackeurs ont mis hors ligne pendant la bonne partie d'une journée les sites Internet de près d'une centaine de multinationales, de grands médias, et d'agences publiques dont Twitter, Amazon, Netflix, le gouvernement suédois ainsi que la BBC, Fox News, et le New York

1. Routeurs Wifi, imprimantes, caméras de surveillance, jouets, compteurs de gaz et électricité, électroménager, voitures… La liste s'étend chaque jour, au fur et à mesure que des objets de la vie quotidienne sont dotés de la capacité de se connecter a à Internet.

Times. L'enquête a révélé que les auteurs de l'attaque avaient loué un *botnet* constitué de dizaines de milliers de webcams, portails connectés et même d'écoute-bébés[1] (!), infiltrés sans que leurs propriétaires ne s'en aperçoivent à l'aide d'un maliciel disponible gratuitement sur Internet. Près de deux ans plus tard, aucune arrestation spécifiquement liée à cette attaque n'a eu lieu. Les enquêteurs soupçonnent l'œuvre d'amateurs, certains experts allant jusqu'à suggérer qu'ils auraient agi sur un coup de tête[2].

Toutefois, les attaques par déni de service sont souvent éphémères : les effets durent rarement plus de quelques heures et dans les cas les plus sévères, les services sont rétablis en quelques jours. Pour des dégâts plus sévères, le hackeur doit pouvoir s'appuyer sur un logiciel malveillant implanté sur les systèmes de sa cible. Il peut alors l'activer pour paralyser les systèmes informatiques en cryptant les données, comme nous l'avons vu dans l'exemple des attaques WannaCry et NotPetya. Deux autres attaques, celles ayant touché les studios Sony en 2014 (décrite Chapitre 2) et la chaîne d'information française TV5 Monde en 2015, montrent que les vecteurs numériques permettent de causer des dégâts bien plus en profondeur et beaucoup plus ciblés, sans perdre leur effet d'échelle. Dans le cas de l'attaque contre TV5 Monde, les hackeurs ont développé un virus sur mesure après avoir sondé la structure

1. Appareils similaires à des talkies-walkies permettant aux parents d'écouter ce qui se passe dans la chambre de leur enfant.

2. MATHEWS, Lee, « *Angry gamer blames for most devastating DDoS of 2016* » [en ligne], *Forbes*, 17 novembre 2016. Disponible sur https://www.forbes.com/sites/leemathews/2016/11/17/angry-gamer-blamed-for-most-devastating-ddos-of-2016/#718191ce2dac

du réseau pendant plusieurs semaines. Le jour venu, le virus leur a permis de détruire en quelques minutes les serveurs de messagerie des employés ainsi que le système permettant la diffusion des chaînes du groupe, obligeant la chaîne à interrompre tous ses programmes pendant 24 heures[1].

Dans le cas le plus extrême, une cyberattaque peut causer des dégâts physiques. À ce jour, seulement deux attaques de ce type sont connues publiquement. On dit alors que l'attaque est « cyber-cinétique » car elle combine impacts numériques et matériels. La première est l'attaque Stuxnet de 2009-2011, déjà mentionnée. Implanté au cœur du système permettant de piloter les installations nucléaires iraniennes, le ver informatique modifiait la vitesse de rotation des centrifugeuses permettant l'enrichissement d'uranium jusqu'à ce que celles-ci cessent de fonctionner et, dans certains cas, explosent – l'équivalent d'un bâton de dynamite invisible, planté et activé à distance[2]. Un deuxième cas de moindre envergure fut révélé fin 2014 par l'agence allemande en charge de la sécurité des systèmes d'information. Son rapport annuel fait état d'une

1. L'attaque, qui intervenait quelques semaines après les attentats contre la rédaction de *Charlie Hebdo*, permit surtout aux agresseurs de diffuser de la propagande djihadiste sur les chaînes de TV5 Monde (ainsi que sur ses comptes officiels Twitter et Facebook) menaçant la France de nouveaux attentats en réponse aux déploiements de forces armées françaises contre l'État islamique. Le piratage est revendiqué par le « Cybercaliphate ». Cependant, comme nous le verrons dans le chapitre suivant, l'attaque fut attribuée quelques mois plus tard au groupe de hackeurs russes Fancy Bear (APT 28), connus depuis pour leur piratage du Parti démocrate et de la campagne d'Hillary Clinton.

2. EUDES, Yves, « Flame, un virus espion d'État » [en ligne], *Le Monde*, 20 juin 2012. Disponible sur https://www.lemonde.fr/technologies/article/2012/06/20/flame-un-virus-espion-d-etat_1721182_651865.html

attaque contre une aciérie qui eut pour effet de détruire une part importante des équipements en empêchant l'arrêt d'un haut-fourneau[1]. Sans être du même ordre, ces deux attaques nécessitaient toutes les deux des moyens cyber très avancés et une longue période d'implantation pour cartographier le fonctionnement des infrastructures. Mais elles partagent une autre caractéristique. Dans les deux cas, les hackeurs se sont attaqués aux systèmes de contrôle industriels, nommés SCADA[2]. Ces logiciels, conçus à une époque où la sécurité informatique n'était pas de mise, abondent dans les complexes industriels et les infrastructures. Bien que certains constructeurs aient commencé ces dernières années à mettre la main à la poche pour sécuriser leurs systèmes, l'étendue des contrôles confiés aux logiciels SCADA crée un risque systémique.

Plutôt que de compromettre le fonctionnement des systèmes informatiques en s'attaquant aux *contenants*, les agresseurs peuvent choisir de paralyser leur adversaire en sabotant les *contenus* numériques – la couche cognitive ou sémantique du cyberespace. Plusieurs des attaques déjà mentionnées combinent les dimensions informatiques et informationnelles. Stuxnet tombe en partie dans ce cas. En même temps qu'il détruisait les centrales nucléaires iraniennes, le ver informatique affichait des fausses informations aux employés des installations : Stuxnet enregistrait

1. *Federal Office for Information Security, "The state of IT security in Germany 2014"* [en ligne], 2014, p. 31. Disponible sur https://www.bsi.bund.de/SharedDocs/Downloads/EN/BSI/Publications/Securitysituation/IT-Security-Situation-in-Germany-2014.pdf

2. SCADA, pour *Supervisory Control And Data Acquisition.* En français : système d'acquisition et de contrôle de données. Ces systèmes permettent par exemple d'actionner des vannes, contrôler une machine, détecter et afficher des conditions d'alarmes.

les données remontées par les centrifugeuses en temps normal puis, pendant l'attaque, les rediffusait en boucle aux scientifiques, qui furent par conséquent incapables de diagnostiquer la source des dysfonctionnements, et ce pendant plus d'un an ! Ce sabotage informationnel ne servait certes qu'à camoufler un sabotage informatique, mais l'on peut vite imaginer les dégâts qu'un hackeur saurait causer par une attaque purement informationnelle s'il parvenait à modifier les informations remontées à un pilote de ligne ou aux régulateurs de trafic urbain.

Toutefois, la majorité des attaques visant les contenus digitaux sont d'une tout autre nature et relèvent de la cyberinfluence. Plutôt que de dissimuler ou provoquer une erreur matérielle, les agresseurs utilisent de plus en plus le cyberespace pour agir directement sur la psychologie des internautes, ceci afin d'influer sur leur comportement politique, et plus particulièrement, sur leur comportement électoral. Une telle exploitation des données et des accès numériques acquis pendant les phases d'infiltration et d'implantation s'est popularisée en trois temps : premièrement, l'application de la *data science* pour mieux cibler les actions d'influence politique ; deuxièmement, la récupération d'algorithmes développés dans le secteur commercial pour étendre et accélérer cette application de la *data science* ; troisièmement, l'utilisation des réseaux sociaux pour industrialiser la diffusion de contenus basés sur ces algorithmes.

L'art de la communication et de la propagande politique est ancien, mais le recours à la science comportementale et cognitive, appuyée d'études statistiques, pour systématiser l'efficacité d'une campagne trouve ses origines dans des études publiées au début du XXIe siècle, et particulièrement dans les travaux d'Alan Gerber et Donald Green. Dans leur ouvrage *Get Out the Vote* (2004), parfois cité comme la bible des campagnes modernes, les deux chercheurs de Yale se fondent sur l'analyse méthodique de six ans de données électorales locales, régionales et fédérales pour identifier les tactiques de campagne les plus impactantes et les plus rentables. Leurs recherches démontrent par exemple l'importance de la personnalisation du contact avec les électeurs et la valeur de la cohérence dans la psychologie humaine, qui rend les électeurs considérablement plus enclins à voter pour un candidat une fois qu'ils s'y sont engagés, d'autant plus lorsqu'ils ont partagé leur choix avec autrui, même avec un inconnu. Ils démontrent également les gains électoraux perçus lorsqu'une campagne crée des communautés réunissant les électeurs partageant un même intérêt ou une même activité (économique, religieuse, culturelle), communautés sur lesquelles la campagne peut ensuite s'appuyer pour promouvoir sa ligne politique de manière plus générale. D'après Gerber et Green, l'utilisation systématique de ces techniques permet de faire basculer de nouveaux électeurs en sa faveur et surtout d'assurer la mobilisation de son électorat le jour venu, facteur décisif lorsqu'il s'agit de remporter un scrutin. Ces enseignements sont immédiatement mis en pratique aux États-Unis. En 2004, la campagne de réélection du Président Bush parvient ainsi à mobiliser une proportion non-négligeable d'électeurs animés par les valeurs, en s'appuyant particulièrement sur le réseau de communautés paroissiales locales et régionales ainsi que sur les associations de propriétaires d'armes.

Cependant, les technologies qui, quelques années plus tard, permettront l'application généralisée de ces principes de campagne pour influencer massivement le comportement politique des électeurs voient le jour dans le secteur privé, à une fin plus anodine : influencer le comportement commercial des consommateurs. Aujourd'hui, quel client d'Amazon n'est pas habitué à recevoir des recommandations automatiques et personnalisées d'achats reflétant les produits consultés quelques secondes ou quelques mois plus tôt sur le site, et parfois même ailleurs sur Internet ? Par croisement de bases de données et expériences contrôlées, les moteurs de recommandation de sites marchands parviennent à identifier des corrélations entre les caractéristiques propres aux utilisateurs, le format du contenu numérique et le comportement commercial. Ces techniques sont vite reprises par Facebook, Google et autres pour augmenter leurs revenus publicitaires en offrant aux entreprises l'opportunité de cibler des internautes avec toujours plus de précision et de fidéliser leurs clientèles. Aujourd'hui ces principes sont le b.a.-ba du métier de tout conseiller en communication, marketing ou publicité.

Les plateformes numériques offrent alors un cadre de rêve aux campagnes politiques. Quoi de mieux que les réseaux sociaux, les moteurs de recherche et les systèmes de messagerie automatisée pour créer des communautés, individualiser le contact avec des millions de votants, cibler et mesurer l'efficacité de différents messages en fonction de leur profil, les pousser à partager leur choix avec d'autres internautes et ainsi mettre en pratique toutes les techniques de *nudge* évoquées par Gerber et Green ? Pour beaucoup, les victoires de Barack Obama en 2008 en 2012 reflètent la maîtrise numérique démontrée par son équipe de campagne.

Très vite, le reste du monde découvre l'usage de ces « campagnes 2.0 ». En France, inspirés par le succès de ces techniques aux États-Unis, trois jeunes entrepreneurs transposent les techniques de campagne d'Obama dans la campagne victorieuse de François Hollande en 2012 en travaillant à partir des données électorales et démographiques publiées par l'INSEE. Les analyses et recommandations du cabinet Liegey Muller Pons, du nom des trois fondateurs, auraient permis, en 2012, d'ajouter 280 000 voix au candidat Hollande, soit un quart du nombre de voix le séparant de son adversaire au deuxième tour[1]. La start-up travaillera très tôt pour la campagne d'Emmanuel Macron de 2017, avant d'étendre ses services à d'autres partis politiques et aux entreprises privées.

Ce sont ces mêmes techniques qui auraient permis aux partisans du Brexit et à la campagne Trump de gagner minutieusement l'avantage sur leurs adversaires, avec l'aide de multiples experts en analyse de données et en communication – et notamment celle de la firme

1. NOYON, Rémi, « Comment Emmanuel Macron a réalisé son *diagnostic* », *L'obs*, 16 novembre 2016.

Cambridge Analytica, qui acquiert vite une réputation sulfureuse. À des milliers de kilomètres de là, ces stratagèmes furent également mis à profit par les jeunes employés de l'Internet Research Agency de Saint-Pétersbourg pour s'immiscer dans les dynamiques électorales nationales puis étrangères, jonglant avec la vérité et avec la psychologie des internautes anglophones pour influencer l'issue des scrutins.

Terrifiant ? Ce serait sans rappeler les multiples usages légitimes envisagés par les créateurs de ces techniques électorales : réduire l'abstention, rapprocher la politique des électeurs et remettre leurs intérêts au centre de la campagne. Ce serait également oublier la propagande utilisée pendant la Deuxième Guerre mondiale, les images et films utilisés tant pour promouvoir que critiquer la guerre du Vietnam ou encore la campagne médiatique américaine ayant précédé la guerre d'Iraq.

L'utilisation des canaux de communication à des fins d'influence et de contrôle politique précède largement la révolution numérique. Cependant, l'influence restait jusqu'ici contrainte par ces canaux de communication, régis de manière plus ou moins stricte par l'État et le monde journalistique. Ces derniers, au risque de restreindre la liberté d'expression et/ou la diversité de points de vue exprimés, assuraient l'authenticité des contenus diffusés et permettaient de les contextualiser.

Or, la cyberinfluence se distingue de l'influence traditionnelle par trois caractéristiques fondamentales liées au numérique : la désintermédiation, la viralité et l'anonymat.

Aujourd'hui, la plupart des informations sont générées et distribuées de manière décentralisée, c'est-à-dire par des utilisateurs, sans avoir à passer par un intermédiaire (agence de presse, chaîne radio, rédaction d'un journal papier ou télévisé). Une fois diffusée, l'information peut immédiatement être relayée par des millions, voire des milliards d'utilisateurs – réels ou fictifs – créant aussitôt un effet boule de neige. Ce mécanisme de réaction en chaîne reflète la dimension « sociale » des réseaux sociaux, et permet de diffuser de l'information à une extrême vitesse. Le principe fondamental d'anonymat sur Internet[1] peut alors empêcher de remonter à la véritable source de l'information, voire – dans le cas d'une campagne ciblée – empêcher les autorités d'avoir connaissance des tentatives d'influence. La conséquence est évidente : aujourd'hui, l'information se propage plus rapidement qu'elle ne peut être vérifiée et démentie par un tiers, que ce soit les médias, l'État, ou les utilisateurs eux-mêmes[2].

Dans sa version offensive, la cyberinfluence ou plus exactement, la cyber *ingérence* correspond à des actions dissimulées voire clandestines. L'agresseur tire profit de la masse de données collectées sur ses cibles, du large réseau de comptes et de bots qu'il a créés, ainsi que de la communauté d'utilisateurs dont il s'est rapproché pendant la phase d'implantation, pour diffuser des contenus de manière plus ou moins ciblée sur les canaux numériques

1. Renforcé par les multiples astuces déjà citées servant à dissimuler son identité et sa localisation en ligne.

2. Nous reviendrons dans le dernier chapitre sur les premières solutions que certains médias et états ont commencé à apporter pour combattre la désinformation.

(blogs, réseaux sociaux et autres forums). Les hackeurs peuvent également avoir recours au piratage pour diffuser leur propagande *via* des canaux officiels – par exemple, le compte Twitter ou site Web d'une célébrité, d'un gouvernement ou d'une chaîne d'information comme ce fut le cas lors de l'attaque contre TV5 Monde. Les objectifs de ces opérations de cyberinfluence sont divers : rallier des individus à sa cause, les mobiliser, ou inversement, décrédibiliser l'adversaire, terroriser une population, voire tout simplement accentuer les différences entre groupements politiques pour diviser la société et entraîner un renfermement sur soi.

Propagande, désinformation, fuite, saturation, micro-ciblage… les influenceurs ont à leur disposition plusieurs techniques permettant d'atteindre leurs objectifs. La première est la plus classique. Elle consiste à diffuser une information ou une opinion de manière à atteindre un maximum d'audience. Ces procédés sont parfaitement maîtrisés par les réseaux terroristes, notamment djihadistes, qui les utilisent pour répandre leurs menaces, asseoir leur narrative, et attirer de nouvelles recrues. Les deux techniques suivantes sont une variante de la première. La désinformation introduit dans le message diffusé une fausse information – une « *fake news* » – tandis que la fuite consiste à diffuser une information vraie, mais tenue secrète, dans le but de renforcer sa propre narration ou de nuire à l'image de son adversaire. Une attaque par saturation place en revanche moins d'importance sur le fond des contenus diffusés. Elle vise à désorienter les utilisateurs ou à noyer une information en inondant le canal de messages[1]. Enfin, l'agresseur peut avoir recours au micro-ciblage pour augmenter l'efficacité de sa campagne d'influence et dissimuler son activité. Cette technique, considérablement plus sophistiquée que les précédentes, se fonde sur l'analyse des masses de données préalablement collectées pour identifier les utilisateurs répondant à un ensemble de critères définis par l'agresseur et personnaliser le message en fonction de leur âge, leur genre, et leur comportement en ligne (goûts, habitudes,...). Seules les personnes ciblées ont la capacité de voir les messages. De nombreux outils permettent de mesurer l'efficacité de ce micro-ciblage afin de l'affiner. Toutefois, s'il souhaite éviter les efforts à fournir pendant l'infiltration et l'implantation, l'agresseur peut tout simplement « sous-traiter » ces phases de préparation au réseau social en achetant des pubs ciblées pour conduire sa campagne d'influence.

L'attaque contre Sony Pictures Entertainment, attribuée aux Nord-Coréens, fut la première agression de grande envergure alliant le vol d'informations, le sabotage d'infrastructures informatiques et la cyberinfluence. Les copies de films non encore diffusés, les mails ainsi que les données personnelles de plusieurs centaines d'employés furent dérobés ; une multitude de disques durs furent entièrement effacés ; enfin, les hackeurs publièrent les échanges de mails les plus sulfureux et menacèrent

1. Ces messages sont considérés comme des « spams ». L'attaque par saturation (en anglais *flooding*) est l'équivalent d'une attaque par déni de service dans la sphère informationnelle.

publiquement les cinémas américains d'un « destin » similaire au « 11 septembre 2001 » en cas de projection du film *The Interview*, parodie mettant en scène l'assassinat du dirigeant nord-coréen Kim Jong-Un. Au final, c'est cette troisième dimension qui eut le plus d'impact, entraînant l'annulation de la sortie du film *The Interview* aux États-Unis, mais aussi la démission de la présidente de la société, accusée d'avoir tenu des propos racistes dans plusieurs échanges de mails.

Bien qu'elles profitent toutes des attributs du numérique, les opérations d'influence et d'ingérence se distinguent sensiblement des opérations d'espionnage et de sabotage par le fait qu'elles s'inscrivent généralement – du moins à première vue – dans un cadre entièrement légal. En effet, les « fake news » les plus efficaces ne sont qu'une distorsion d'informations véridiques. Mais surtout, les règles encadrant le contenu diffusé *via* les médias traditionnels ne s'appliquent pas aux réseaux sociaux. Certains commentateurs estiment d'ailleurs ridicule que l'on crie au scandale sur ces techniques suite au rôle qu'elles auraient joué dans l'élection de 2016 alors que leur utilisation a rarement été contestée lors de campagnes précédentes ou lorsqu'elles sont employées dans une logique commerciale. En réalité, ce qui choque et est profondément préoccupant est le fait que ces techniques aient été utilisées par des groupes étrangers, voire un État tiers.

L'autre élément qui dérange est la puissance grandissante de l'analyse de données massives et du micro-ciblage.

Ces techniques, qui n'étaient qu'au stade de prototype il y a quelques années, sont aujourd'hui capables d'établir des corrélations permettant de prédire avec précision les goûts et préférences d'un individu et de jouer sur sa personnalité et son inconscient pour influer sur ses décisions politiques. De plus, les corrélations tirées des données disponibles publiquement *via* les réseaux ont beau être très puissantes, elles ne sont rien par rapport à ce que peuvent faire les entreprises spécialisées travaillant sur les masses de données collectées par des services de renseignement étatiques, dont les capacités augmentent d'année en année. En même temps, de plus en plus d'informations sont disponibles publiquement : bien que l'analyse de données source ouverte (en anglais, *open source*) soit aujourd'hui devenue un champ à part entière dans les services de renseignement, son importance ne fait que souligner la décroissance du monopole étatique sur le renseignement et sur les armes numériques.

La continuité qui existe entre les usages civils et militaires du numérique en fait autant un avantage qu'un défi pour les services de sécurité et de défense. La guerre numérique, ou « cyberguerre », ne comprend, à proprement parler, que les actions de cybersabotage voire de cyberingérence. Cependant, l'on voit bien que ces types d'opérations partagent la majorité de leurs étapes avec le cyberespionnage. Le seul élément les distinguant véritablement est l'usage qui est fait de l'accès aux systèmes ou aux données de la victime – plus précisément l'action qui est effectuée par les logiciels malveillants et les identités numériques une fois qu'elles sont implantées chez l'adversaire. Ces actions peuvent elles-mêmes être amendées en quelques lignes de code après le début de l'opération – comme si un avion ou drone de surveillance pouvait, en plein vol, se doter soudainement de bombes et de missiles. Il n'y a donc que quelques algorithmes, ou un tweet, qui séparent véritablement le cyberespionnage du cybersabotage ou de la cyberinfluence, brouillant ainsi les différences entre des activités « tolérées » en temps de paix et des activités qui pourraient constituer un acte de guerre. Cette profonde ambivalence des moyens numériques confère un pouvoir majeur aux acteurs non-étatiques et engendre des conséquences importantes sur l'évolution des rapports de force internationaux.

CHAPITRE 4

UN BOULEVERSEMENT DES RAPPORTS DE FORCE

> L'omniprésence des technologies de l'information dans les secteurs militaires, industriels, financiers et sociaux présente de vastes bénéfices ; elle a également révolutionné les vulnérabilités. Étant en avance sur la plupart des lois et des réglementations (et même sur la compréhension technique de beaucoup de régulateurs), ces nouvelles technologies ont, à maints égards, créé l'état de nature sur lequel théorisaient les philosophes et dont le dépassement constituait, selon Hobbes, la force motrice de la création d'un ordre politique.
>
> Henry Kissinger, *L'ordre du monde*, 2016

De toute évidence, l'Homme n'a pas attendu l'arrivée d'Internet pour inventer l'espionnage, le sabotage, ou les campagnes d'influence. Vieux comme le monde, ces instruments font partie de l'arsenal politique et militaire depuis des millénaires.

Pourtant, la révolution numérique est un bouleversement stratégique majeur, au même titre que l'ont été avant elle l'invention de la poudre à canon, de l'aviation et de l'énergie nucléaire. L'une après l'autre, chacune de ces innovations technologiques a eu des conséquences indéniables sur les rapports de force locaux et internationaux en altérant radicalement la portée, la vitesse de propagation et le rendement des armes de l'époque. Les doctrines et les moyens militaires ont, à chaque occasion, subi de profondes transformations pour s'adapter au nouvel environnement stratégique et maintenir la capacité des nations à assurer la défense de leurs intérêts.

La puissance destructrice et la portée des armes à poudre, en commençant par l'artillerie, ont eu un impact militaire majeur à partir du XIVe siècle en rendant inopérants les systèmes défensifs de l'époque, notamment le château fort et la cuirasse. L'aviation a, quant à elle, fondamentalement changé les manœuvres militaires à partir de la Première Guerre mondiale, créant un vaste champ de bataille en trois dimensions, bien au-delà des lignes de front terrestres. Les aéronefs démultiplient ensuite la portée et la vitesse des opérations navales grâce aux porte-avions. Enfin, le gigantesque rendement des armes nucléaires et leur capacité à être délivrées à des milliers de kilomètres par des missiles balistiques permettent d'infliger quasi-instantanément un coût si important à l'adversaire qu'il annule tous les bénéfices d'une attaque potentielle par celui-ci. Ces caractéristiques ont donné lieu à l'émergence dans les années 1950 de la *dissuasion nucléaire*, doctrine militaire ayant jusqu'à présent empêché tout affrontement direct entre les puissances dotées de l'arme atomique – en premier chef, les États-Unis, l'Union soviétique devenue Russie et la Chine.

Aujourd'hui, la transformation numérique engendre à son tour une révolution tactique et stratégique, potentiellement plus importante encore que celles que nous venons de rappeler.

Caractéristiques tactiques des « armes numériques »

Comme les transformations historiques susmentionnées, le numérique démultiplie considérablement la portée, la vitesse et la puissance des capacités de renseignement, d'influence et d'action clandestine. Mais la cyberguerre se caractérise également par quatre autres particularités au niveau tactique : l'effet de réseau, la difficulté d'attribution, un faible coût, et enfin une capacité de ciblage permettant d'augmenter l'efficacité des opérations tout en se gardant de dépasser le seuil qui risquerait de déclencher une réaction conséquente de l'adversaire.

Rappelons-nous des modes d'action et des exemples détaillés dans le chapitre précédent. De par la faible latence des outils numériques, la vitesse de propagation d'une arme cyber est incommensurable avec celles d'une arme cinétique. Les cyber-attaques se démarquent par leur instantanéité. Même si elles demandent un temps de préparation clandestine, une fois lancée, leur impact – vol de données, destruction d'infrastructures, dissémination d'informations – est quasi-immédiat. Cet impact précède d'ailleurs souvent la détection de l'attaque : quand bien même la victime parviendrait à s'apercevoir de l'effraction, le mal est en général déjà fait.

Quant à la portée des armes numériques, elle est planétaire. Dans le cyberespace, la notion de portée n'est en réalité plus une question de distance, mais une question de connectivité[1] : quel que soit la position géographique

1. Un *caveat* sur lequel nous reviendrons : dans le cyberespace, la portée est aussi une question de compatibilité. Les attaques peuvent atteindre tous les systèmes avec lesquels elles sont compatibles. En pratique, plus les virus ou autres logiciels malveillants sont sophistiqués, plus ils sont ésotériques, construits plus ou moins sur mesure pour chaque opération. Toutefois, la vitesse de développement et la capacité à réutiliser du code d'un virus à un autre permettent de rapidement l'adapter à de nouveaux usages.

d'un hackeur, tout système informatique et utilisateur lui sont vulnérables du moment qu'il peut s'y connecter. Les antivirus, pare-feux ou la déconnexion pure et simple augmentent certes la complexité d'une infiltration, mais comme nous l'avons vu, tôt ou tard, avec suffisamment d'envie et d'ingéniosité, les hackeurs trouvent un chemin vers tout système informatique. Même les ordinateurs ultra-sécurisés de la Station spatiale internationale, pour la plupart déconnectés d'Internet, seraient de temps à autre victimes de virus emportés par mégarde sur les clés USB des astronautes[1] ! Dans l'absolu, la seule manière de placer un système ou une population véritablement hors de portée des armes cybernétiques serait de lui retirer tout composant informatique ou de lui interdire tout accès aux informations transmises par voie numérique. La tendance globale évoluant à l'inverse vers plus de numérisation et plus de connectivité, la surface d'attaque des armes numériques ne cesse de croître[2].

L'impact du numérique sur la puissance des armements est plus subtil. À l'exception d'une attaque visant un implant électronique dans le corps humain, une cyberattaque ne saurait entraîner des pertes de vie que de manière collatérale. Pour autant, l'idée que les cyberattaques seraient

1. GIBBS, Samuel, "International space station attacked by "virus epidemics" [en ligne], *The Guardian*, 12 novembre 2013. Disponible sur https://www.theguardian.com/technology/2013/nov/12/international-space-station-virus-epidemics-malware

2. Gartner estime que le nombre d'objets connectés a dépassé la population mondiale en 2017, et anticipe que le monde comptera plus de 20 milliards d'objets connectés d'ici 2020.

Voir Gartner, « *Gartner says 8.4 billion connected 'things' will be in use in 2017, up 31 percent from 2016* » [en ligne], 7 février 2017. Disponible sur https://www.gartner.com/en/newsroom/press-releases/2017-02-07-gartner-says-8-billion-connected-things-will-be-in-use-in-2017-up-31-percent-from-2016

de moindre importance, car elles ne causent pas ou peu de dégâts tangibles, est irrecevable. L'attaque Stuxnet contre les installations nucléaires iraniennes montre indéniablement le contraire, et bien qu'à ce jour, aucune victime humaine n'ait été attribuée directement à une cyberattaque, l'interruption prolongée du fonctionnement d'opérateurs d'importance vitale tels que les services de santé – une version plus sévère de l'attaque WannaCry ayant paralysé des hôpitaux britanniques en juin 2017 – engendrerait des dommages matériels et humains graves et irréversibles. La dimension destructrice des armes cyber est donc bien réelle, mais du point de vue de l'agresseur, l'intérêt de ces cyberattaques n'est pas l'effet matériel produit, qui saurait être atteint par une attaque *cinétique*. Leur attrait provient de l'immédiateté, de la furtivité ainsi que de la capacité d'agir à distance et de cibler l'attaque puis de nier toute responsabilité – c'est-à-dire des autres avantages du numérique abordés dans ce chapitre.

Non, contrairement aux grandes innovations stratégiques déjà citées, la révolution numérique ne se traduit pas par une augmentation quantitative de la capacité à infliger des dégâts matériels, mais par un changement *qualitatif* majeur : au-delà de sa puissance destructrice, l'arme numérique offre surtout une puissance paralysatrice, et réversible. Comme nous l'avons vu, les opérations de cybersabotage permettraient par exemple d'interrompre le fonctionnement d'infrastructures civiles ou militaires – électricité, distribution d'eau, système bancaire, équipements de communication – entraînant ainsi l'immobilisation plus ou moins totale d'un corps d'armée, d'un secteur économique, voire d'une société, et ce sans forcément causer de dommages matériels, comme ce fut le cas lors de la vague d'attaques ayant touché l'Estonie en avril 2007. Ces interruptions de fonctionnement peuvent être temporaires ou définitives, selon le souhait de l'agresseur. À l'ère numérique, il n'est donc plus nécessaire de tuer ou de menacer un adversaire de pertes humaines pour imposer sa volonté à l'adversaire. Les armes cyber offrent à la fois la capacité de détruire en profondeur les infrastructures vitales d'une société moderne, et d'exercer un pouvoir coercitif sans usage létal de la force. Cette capacité à jauger minutieusement l'impact d'une attaque, et à infliger au choix, à partir d'un même outil, des dégâts létaux ou non-létaux a des conséquences majeures sur lesquels nous reviendront plus tard.

La force de frappe d'une opération cyber est davantage dépendante d'un effet démultiplicateur considérable, phénomène nommé « l'effet de réseau ». Plus la taille et le taux d'utilisation du réseau visé est importante, plus une attaque bénéficiera d'un phénomène de réaction en chaîne démultipliant sa vitesse de propagation, sa portée et donc son impact[1]. Cet effet d'échelle se manifeste spectaculairement dans les deux grands types d'opérations offensives. Lors d'une action de cybersabotage utilisant des vers ou virus informatiques, l'ensemble des systèmes

1. Plus précisément, « l'effet de réseau » évoque le fait que l'utilité réelle d'une technique ou d'un produit dépend de la quantité de ses utilisateurs. Les modèles économiques des réseaux sociaux reposent tous sur l'effet de réseau.

connectés à la cible informatique initiale est très rapidement affecté, comme cela fut le cas dans l'attaque NotPetya de 2017 en Ukraine. La démultiplication est encore plus spectaculaire dans les opérations de cyberinfluence puisque les messages propagés par l'agresseur peuvent non seulement être rediffusés en boucle par des comptes-robots (les fameux « bots »), mais aussi par des utilisateurs tiers, qu'ils soient intrigués, indignés ou qu'ils sympathisent avec le message. Des millions d'internautes peuvent ainsi être touchés par un message en l'espace de quelques minutes, noyant toute autre information, comme ce fut le cas à de multiples reprises pendant la campagne présidentielle américaine de 2016. Ces mêmes internautes se retrouvent souvent à prendre part à la campagne de cyberingérence sans même en avoir conscience.

Alors qu'il démultiplie la portée, la vitesse et la puissance des agressions, le cyberspace est également le terrain de jeu idéal pour les opérations clandestines. Ce caractère « topographique » du numérique résulte de plusieurs éléments. Il provient d'une part de la grande discrétion des cyber opérations et de l'ambivalence entre usages civils et militaires du numérique déjà détaillée dans le chapitre précédent, qui complique sa détection. Mais il dérive par-dessus tout de la difficulté d'attribution : la faible capacité à identifier la source d'une cyberattaque et à discerner l'identité du ou des acteurs qui se cachent derrière, une fois l'attaque détectée. Bien évidemment, les États – et face à eux les groupes terroristes – savent depuis longtemps créer la confusion ou agir de manière masquée, que ce soit par l'usage de forces spéciales, de mercenaires ou de faux papiers. Cependant, l'ambiguïté des agressions cyber est d'une tout autre ampleur. En effet, en l'absence d'une surveillance préalable et intensive de l'agresseur, comme celle mise en place à partir de 2014 par les services de renseignement néerlandais contre Cozy Bear[1], l'attribution d'une cyberattaque est (littéralement) l'affaire de probabilités. La principale méthode d'attribution consiste en effet à estimer la probabilité qu'un acteur ait commis une attaque en comparant les caractéristiques techniques de cette attaque à celles d'opérations passées. La comparaison vise à identifier des similitudes entre, par exemple, les modes opératoires, les vulnérabilités *zero days* utilisées, les adresses internet, le style du code source d'un virus, la langue, ou encore le fuseau horaire de l'ordinateur sur lequel ce code a été rédigé. Cette étude permet aux analystes d'assigner à chaque acteur une ou plusieurs « signatures » spécifiques, signatures auxquels un numéro (ex : APT 28) ou un nom (Fancy Bear, Sofacy, Pawn Storm…) est affecté pour les groupes les plus actifs, sans forcément savoir qui se cache derrière les attaques. Ces signatures, précisément parce qu'elles sont connues, peuvent toutefois être imitées par d'autres acteurs dans des opérations dites « sous faux drapeau »[2], où l'agresseur prétend être

1. *Cozy Bear* est l'un des deux groupes de hackeurs considérés proches des services de renseignement russes ayant piraté le Comité national du parti démocrate américain entre 2015 et 2016. Il fut hacké et surveillé à distance pendant plus d'un an par les services néerlandais. Voir chapitre 2.

2. Nommés ainsi en souvenir des corsaires qui changeaient de bannière pour approcher l'ennemi sans éveiller de soupçons.

un autre pour détourner ou se prémunir contre toutes représailles.

L'attaque qui dévaste TV5 Monde en avril 2015 offre un parfait exemple : alors que dans un premier temps, la presse et les observateurs soupçonnent l'œuvre des hackeurs de Daesh en raison de la publication de revendications djihadistes et du logo du « Cyber Caliphat » sur les comptes Facebook et Twitter de la chaîne de télévision, quelques mois plus tard, le journal *L'Express* met la main sur un rapport confidentiel de l'Agence Nationale de la Sécurité des Systèmes d'Information (ANSSI) attribuant l'attaque aux hackeurs russes du groupe Fancy Bear. Ces derniers auraient frappé *via* des serveurs situés au Brésil. Dans les médias, les attributions restent au conditionnel – certains commentateurs qualifiant même la piste russe de « risible[1] » – ceci jusqu'en juin 2017, lorsque l'État français décide d'organiser une conférence de presse pour détailler les analyses techniques de l'ANSSI justifiant la piste russe. Début 2018, c'est l'inverse qui se produit. Deux jours après la révélation que les services de renseignement néerlandais étaient parvenus à pirater et espionner les hackeurs de *Fancy Bear* pendant plus d'un an, une cyberattaque paralyse le secteur bancaire et le Trésor des Pays-Bas. Immédiatement, tous les regards se tournent vers la Russie, jusqu'à ce que l'enquête révèle que l'attaque aurait été perpétrée par un néerlandais de

1. COMETTI, Laure, « Piratage de TV5 Monde : les hackers russes, une piste *risible* ? » [en ligne], *20 Minutes*, 6 octobre 2015. Disponible sur https://www.20minutes.fr/monde/1628595-20150610-piratage-tv5-monde-hackers-russes-piste-risible

18 ans[1]. Il aurait loué les outils numériques utilisés dans l'attaque pour 50 euros sur internet, et dit avoir profité du contexte géopolitique pour semer la confusion.

La sixième caractéristique opérationnelle de la cyberguerre est son accessibilité, ou comme dirait un économiste, la quasi-absence de barrières d'entrée, qu'elles soient techniques ou financières. À l'exception de vers hypersophistiqués comme Stuxnet, le développement d'armes numériques est par conséquent à la portée d'une myriade d'acteurs qui n'auraient jusqu'ici pas eu les moyens de constituer une menace crédible. Contrairement aux moyens militaires classiques, point besoin d'une lourde industrie d'armement et/ou d'un budget de plusieurs milliards d'euros permettant de produire, acheter et maintenir des systèmes d'armes. L'utilisation d'équipements et de logiciels issus du commerce, complétée par des outils et techniques de hacking développées par quelques bons cerveaux ou simplement achetées sur le *dark web*[2], suffisent généralement. Pour les acteurs ne disposant pas de ces compétences en interne, il est aujourd'hui d'une facilité déconcertante de sous-traiter quasi toute mission de cyberespionnage, de cybersabotage ou même de cyberinfluence à des entreprises privées et des groupes de cybermercenaires opérant sous un statut plus ou moins légal selon la

1. SEUNIS, Rebecca, van der VALK, Tobias, « *Boy (18) from Oosterhout arrested for massive DDoS attacks on tax authorities and bank* » [en ligne], *Omroep Brabant*, 5 février 2018. Disponible sur http://www.omroepbrabant.nl/?news/2744681223/Jongen+(18)+uit+Oosterhout+opgepakt+voor+massale+DDoS-aanvallen+op+Belastingdienst+en+bank.aspx

2. Marché noir du numérique, accessible au travers de logiciels comme Tor.

nature de l'opération[1]. D'après l'estimation de certains analystes, le coût de l'ensemble des actions commanditées par le Kremlin pour influencer l'issue de l'élection présidentielle américaine de 2016 – piratage des serveurs et boîtes mail des partis politiques, fuites et campagne sur les réseaux sociaux, ajoutons même le coût des implants ayant vraisemblablement pesé sur les décisions de l'administration – reste inférieur à 100 millions de dollars, c'est-à-dire inférieur au prix d'un unique F-35, l'avion de combat dernière génération américain. Toutefois, comme pour toute opération clandestine, les facteurs de réussite les plus importants d'une opération cyber sont le niveau de planification, de compréhension et d'anticipation des gestes de son adversaire, et la patience. Ces éléments difficiles à traduire en valeur financière constituent la seule véritable barrière d'entrée dans le cercle exclusif des « APT », acronyme anglais de « menace avancée et persistante » utilisée pour faire référence aux groupes de hackers et aux attaques les plus sophistiquées.

Septième et dernière caractéristique opérationnelle du numérique, la capacité à cibler certaines audiences, certains serveurs ou certains types de fichiers donne aux agresseurs des armes d'une précision hors norme. Qu'ils s'attaquent à des systèmes informatiques ou à des utilisateurs, cette précision leur permet d'assurer que la cible visée soit atteinte parmi une infinité d'objets potentiels

1. Voir chapitre 6 pour plus de détails sur la diversité d'acteurs privés et leur utilisation par les états. Nous recommandons également la lecture de l'ouvrage *Armes de déstabilisation massive*, de Philippe Vasset et Pierre Gastineau.

– comme si l'on souhaitait atteindre toute personne portant un tatouage et des chaussettes rouges dans une foule. La précision présente deux autres intérêts. D'une part, elle permet de réduire davantage le coût d'une opération en évitant de perdre du temps et de l'énergie à récupérer des informations de faible valeur, à détruire les mauvais systèmes ou à influencer des personnes présentant peu d'intérêt pour l'agresseur. D'autre part, la précision peut éviter qu'une attaque soit détectée, ou du moins qu'elle franchisse le seuil d'un acte de guerre « ouverte ». Bien évidemment, ce seuil varie selon les interprétations du droit international, les doctrines de défense de chaque pays et, *in fine*, selon la volonté et la fermeté des chefs d'États. Mais en combinant la précision des outils numériques avec une connaissance éprouvée de la psychologie de son adversaire, l'agresseur peut naviguer dans les zones grises juridiques et politiques de chaque pays et infliger des dommages sans éveiller l'inquiétude de l'opinion publique, évitant ainsi de déclencher des représailles conséquentes. Néanmoins, la précision n'est pas toujours au rendez-vous. Dans certains cas, comme lors des attaques WannaCry et NotPetya, il est probable que les agresseurs préfèrent bénéficier d'une propagation tous azimuts de leur attaque, ou du moins ne prennent pas le temps de s'assurer que l'effet de leur attaque restera cantonné à des cibles précises. Même dans le cas de l'opération Stuxnet, malgré les efforts portés sur la restriction de son champ d'action, une seule erreur lors d'une mise à jour a permis au ver informatique de se propager sur des milliers de postes situés aux quatre coins du globe.

Vitesse, portée, puissance, effet d'échelle, attribution incertaine, faibles barrières d'entrée et précision... Avant d'examiner les conséquences stratégiques de ces atouts opérationnels, il convient de souligner que le cyberespace n'offre pas uniquement des avantages sur le plan tactique. Pour prendre un premier exemple, les armes numériques ont souvent une courte durée de vie. Certes, nous avons démontré dans le chapitre précédent que certaines failles restent exploitables pendant plusieurs années. Cependant, face à un adversaire sophistiqué, les méthodes d'infiltration et d'exploitation doivent constamment évoluer pour rester performantes, puisque dès lors que l'attaque est repérée, la victime a les moyens de corriger les failles techniques ou humaines l'ayant rendue possible. Par ailleurs, plus les armes numériques sont sophistiquées, plus elles doivent être conçues sur mesure par rapport à un usage et à un adversaire précis. Ceci est particulièrement vrai des techniques d'ingénierie sociale, mais aussi des implants, ces derniers devant être préalablement installés sur les systèmes de l'adversaire pour avoir une quelconque valeur. On pourrait alors presque parler d'*armes à un coup* : le ver Stuxnet, sans doute l'arme cyber la plus complexe développée à ce jour, est devenu inutilisable en l'espace de deux ans, et seulement quelques mois après sa découverte. Même avant d'être détecté, il aurait requis des changements très conséquents pour pouvoir être utilisé efficacement contre une autre cible. Les moyens numériques sont en ce sens très différents d'une arme à feu, d'un navire ou d'un missile balistique, qui une fois construits et déployés, peuvent facilement être réorientés vers des cibles et des adversaires très différents. Cette spécificité inhérente des armes cyber entrave la constitution, et par-dessus tout la mise en vitrine, de larges « stocks d'armes » comme on le voit dans les domaines militaires traditionnels. Elle oblige aussi chaque acteur à multiplier ses moyens offensifs et défensifs en fonction du nombre d'adversaires potentiels. En outre, le retour du « brouillard de guerre » présente également certains désavantages pour l'agresseur. Dans le cyberespace, les acteurs ne peuvent avoir la certitude absolue que leur attaque va fonctionner, que leur cible n'est pas un leurre ou encore qu'ils ne sont pas eux-mêmes surveillés en temps réel.

Conséquences stratégiques

En termes simples, la stratégie vise à imposer ses intérêts et sa volonté à l'adversaire. Plus spécifiquement, la stratégie consiste à contrôler ou modifier le comportement politique d'un adversaire, soit par l'influence, soit par la coercition. Tandis que l'influence crée des conditions qui conduisent un adversaire à choisir, par sa propre initiative et souvent sans percevoir qu'il a été influencé, une ligne d'action favorable à l'attaquant, la coercition contraint l'adversaire à suivre cette ligne d'action. Lorsque cette ligne consiste à *ne pas agir*, la coercition devient de la dissuasion. Le champ d'étude « stratégique » se focalise sur les rapports de force et les dynamiques pouvant contraindre ou faciliter ces actions d'influence et de coercition.

L'ensemble des caractéristiques tactiques du numérique ont quatre conséquences au niveau stratégique.

1. Le rapport coût-efficacité extrêmement attractif du cyber incite fortement les agresseurs à agir, et les mécanismes de dissuasion traditionnels sont incapables de renverser ce ratio.
2. Son caractère asymétrique réduit les écarts de puissance, permettant à des puissances moyennes et des acteurs non-étatiques de remettre en question les équilibres de pouvoir au niveau international.
3. Le cyber est un instrument non conventionnel et surtout non létal, utilisable en temps de paix pour atteindre les objectifs de la guerre.
4. La furtivité, l'anonymat, et le risque d'attaques sous faux drapeaux érodent toute certitude à une époque où la précision et la vitesse de réaction sont capitales.

Premièrement, les caractéristiques du cyberespace mentionnées précédemment confèrent aux attaques numériques un rapport coût-efficacité extrêmement attractif, et diminuent par la même occasion l'efficacité des mécanismes de dissuasion traditionnels, au point de les rendre quasi-inapplicables. Ce déséquilibre donne un avantage intrinsèque à l'agresseur – une « prime à l'offensive » – qui incite chaque acteur du cyberespace à attaquer ses rivaux. Un économiste nous dirait que l'agresseur agira tant que les bénéfices d'une attaque sont supérieurs à ses coûts, une fois toutes les conséquences prises en compte. Or, chacune des spécificités tactiques énoncées en amont peut être reformulée sous forme d'un coût ou d'un bénéfice pour l'agresseur et l'agressé. Du point de vue de l'agresseur, la portée, la vitesse, la puissance et l'effet d'échelle du numérique augmentent les bénéfices d'une attaque par le biais du cyberespace, les faibles barrières d'entrée diminuent le « coût fixe » d'une telle attaque, tandis que les difficultés d'attribution et le micro-ciblage réduisent la probabilité de représailles, représailles que l'on peut apparenter au « coût variable » d'une agression. La courte durée de vie des armes cyber est une incitation supplémentaire à l'offensive puisque, dans le cas général, plus un agresseur attend après avoir découvert une faille, plus elle perd en valeur potentielle.

Inversement, du point de vue de la victime, ces mêmes propriétés ont toutes pour conséquence d'augmenter le coût de la défense et de rendre la dissuasion difficile voire impossible. La défense consiste à empêcher l'adversaire d'atteindre ses objectifs par une agression, soit en faisant échouer ses attaques, soit en développant la résilience suffisante pour absorber leur impact. Les boucliers antimissiles et les réseaux électriques de secours en sont un bon exemple. La dissuasion vise quant à elle à menacer l'adversaire d'une contre-attaque dont il ne saurait justifier le coût. Cette riposte peut être graduée en fonction des prétentions de l'adversaire – d'une simple dénonciation jusqu'au cas extrême d'une frappe nucléaire. En somme, la défense et la dissuasion visent à renverser tout rapport coût-bénéfice favorable à l'agresseur, en sapant les bénéfices et/ou en rehaussant le coût d'un passage à l'acte. Or, la portée, la vitesse, la puissance, l'effet d'échelle et les faibles barrières d'entrée caractérisant les armes numériques génèrent une infinité de fronts et d'adversaires potentiels, augmentant grandement l'investissement requis pour une défense efficace, tandis que les difficultés d'attribution réduisent considérablement la crédibilité d'une posture dissuasive : si l'on ne peut identifier avec certitude la source d'une attaque, les moyens de contre-offensive n'ont aucune valeur intérêt. Si une victime de cyberattaque décidait de répliquer, celui qu'elle accuse sera toujours en mesure de nier les faits, sapant la légitimité d'une quelconque riposte. En tout état de cause, quand bien même un gouvernement obtient des preuves de l'identité d'un cyber-agresseur, il hésitera à en faire état, car elles révéleront les techniques ayant permis l'identification, permettant ainsi à l'agresseur de les déjouer lors d'une prochaine opération. Le plus souvent, ces preuves seront de toute façon trop techniques pour convaincre l'opinion publique, qui d'ici là aura souvent oublié les faits.

Cette transformation est essentielle. Dans le cyberespace, la plupart des victimes n'ont aujourd'hui ni les moyens de se défendre, ni les moyens de riposter de manière crédible. Le recours aux sanctions, à la dénonciation publique (la politique du « *name and shame* »), et aux actions en justice ne sont qu'un aveu supplémentaire de cette faiblesse des doctrines de défense traditionnels face aux enjeux numériques. La guerre cyber a ainsi la caractéristique d'être, à ce jour, structurellement en faveur des agresseurs, et de les inciter en continu à attaquer. Cette « prime à l'offensive » favorise le conflit, l'escalade et la confrontation continue.

Deuxièmement, toutes les caractéristiques tactiques du numérique en font un outil de stratégie *asymétrique* qui réduit le différentiel de puissance entre « grandes », « moyennes » et « petites » puissances. On entend par stratégie asymétrique une stratégie visant à contourner les forces de l'adversaire et à exploiter des vulnérabilités dont l'existence est ignorée ou mal appréciée par l'adversaire[1]. Elle se caractérise le plus souvent par l'usage de modes opératoires et de moyens offensifs novateurs contre lesquels l'adversaire est peu préparé. De par l'avantage fondamental qu'il confère aux attaquants, le cyberespace a littéralement révolutionné le domaine des stratégies asymétriques en offrant de très loin la plus performante de ces stratégies. Les deux grands types d'opérations cyber offensives, le cybersabotage et la cyberinfluence, permettent une exploitation continue de vulnérabilités dont l'adversaire a peu ou pas connaissance ; le cyberespionnage permettant quant à lui de compenser plutôt que d'exploiter une asymétrie. Le concept de *zero-day exploit* incarne d'ailleurs parfaitement le caractère asymétrique des actions cyber. Ce caractère asymétrique a pour conséquence de mettre tous les acteurs du cyberespace

1. BENNETT, Bruce W., TWOMEY, Christopher P., TREVERTON, Gregory F., *"What are asymmetric strategies?"*, Santa Monica, CA: RAND Corporation, 1999. Disponible sur https://www.rand.org/pubs/documented_briefings/DB246.html

– grandes et petites puissances, groupes terroristes, et acteurs privés – sur un quasi pied d'égalité, fragilisant les positions établies sans qu'un nouveau pouvoir hégémonique puisse émerger.

Troisièmement, les spécificités des « armes numériques » en font également un nouveau vecteur majeur à la fois de *guerre non-conventionnelle* et de *stratégie non-létale*, permettant d'atteindre en temps de paix des objectifs stratégiques qui auraient autrefois nécessité une projection de force militaire classique considérable. Nous l'avons vu, le numérique bouleverse la hiérarchie entre moyens conventionnels et non-conventionnels. La notion de moyen non-conventionnel a deux sens distincts dans le langage militaire et diplomatique[1]. En termes simples, nous considérons que les moyens non-conventionnels sont ceux qui permettent d'atteindre des objectifs politico-militaires de manière offensive sans se conformer au droit international. Avant l'arrivée du numérique, l'espionnage, le sabotage, et la manipulation de l'information jouaient certes un rôle important, mais offraient

1. Selon le Département de la Défense américain, la guerre non-conventionnelle comprend « un large éventail d'opérations militaires et paramilitaires, normalement de longue durée, généralement dirigées par ou avec des forces indigènes ou auxiliaires rassemblées, formées, équipées, aidées et commandées à divers degrés par une source externe. Elle inclut, sans s'y limiter : la guérilla, la subversion, le sabotage, l'espionnage, et l'extraction assistée... Dans la mesure où les opérations spéciales peuvent être menées dans le théâtre géographique d'une campagne ou dans le cadre d'une champagne secondaire indépendante, les opérations spéciales visent avant tout des objectifs politico-militaires et psychologiques. »

Voir *Joint Special Operations Joint Publication 3- 05*. Dans le langage diplomatique, les moyens non-conventionnels font plus souvent référence aux armes chimiques ou aux armes de destruction massive, par opposition aux armes conformes aux conventions internationales régissant les guerres (La Haye, Genève, etc.).

rarement la capacité d'assurer des campagnes offensives de bout en bout ou de contrôler les décisions politiques de l'adversaire. Ces opérations avaient l'avantage de pouvoir être utilisées de manière discrète en temps de paix, mais leur coût et caractère minutieux limitaient leur potentiel coercitif à l'échelle d'un état. Les espions, les forces spéciales et la propagande n'étaient par conséquent utilisés qu'en appui d'opérations militaires conventionnelles ou dans le cadre d'opérations très précises : le service clandestin de la CIA avait les capacités d'éliminer Ben Laden mais pas Al-Qaeda. Quant à l'arme atomique, l'autre grand moyen non-conventionnel des dernières décennies, elle ne se prête pas à une utilisation coercitive offensive. À l'exception de leur utilisation en 1945, les armes nucléaires ont toujours joué un rôle de coercition *défensive*, c'est-à-dire un rôle dissuasif. En tout état de cause, aucun de ces moyens non-conventionnels n'est utilisable en temps de paix, ou du moins, sans engendrer une guerre ouverte. Or, les outils numériques offrent pour leur part un extraordinaire moyen à la fois d'influence et de coercition offensive non-conventionnel. De par leur puissance, portée, vitesse, furtivité et précision, ces outils sont capables de produire des effets d'ordre stratégique de manière autonome en marge totale des conventions internationales, et ce à une fraction du coût d'une opération militaire conventionnelle, comme nous le montre la campagne d'influence et de coercition menée par les Russes à l'encontre du gouvernement et de la population américaine en 2016.

De surcroît, comme vu en début de chapitre, la puissance paralysatrice et réversible du numérique en fait également un instrument de stratégie non-létale permettant d'aboutir au contrôle politique en minimisant l'usage de la violence, comme le préconisait déjà Sun Tzu[1]. Une stratégie est considérée comme non-létale dès lors qu'elle ne provoque pas directement de morts ou de blessés, bien qu'elle puisse en entraîner de manière indirecte[2]. Le recours aux stratégies non-létales connaît un essor particulièrement important depuis la fin de la Guerre froide, les grandes puissances ne pouvant, pour des raisons intérieures ou internationales, justifier l'utilisation de la force pour influencer ou forcer la main de leurs adversaires. Cet « âge d'or » de la stratégie non-létale se manifeste dans sa version douce au travers de l'extraordinaire expansion du *soft power* américain et du rôle essentiel joué par les ONG et par Internet pour promouvoir les valeurs démocratiques occidentales, mais également dans une version plus dure avec la généralisation des sanctions économiques et de leur bras séculier, l'extraterritorialité du pouvoir juridique américain, comme outils majeurs de politique étrangère occidentale[3]. Aujourd'hui, comme le *soft power* et les sanctions

1. Voir introduction de l'ouvrage.

2. Par exemple, bien que l'embargo économique instituée par le Conseil de Sécurité des Nations-Unies contre l'Iraq entre 1990 et 2003 aurait, selon certaines estimations, entraîné la mort de plus de 500 000 enfants par son impact sur les conditions sanitaires dans le pays, les sanctions restent une stratégie « non-létale » par rapport aux interventions occidentale et américaine de 1991 et 2003.

3. Ces sanctions peuvent viser uniquement à modifier la politique suivie par l'état ciblé, comme cela a été le cas des sanctions des Nations Unies qui ont amené l'Iran à signer un accord sur le nucléaire, soit à changer le régime en place et à le remplacer

économiques, les opérations cyber se sont quasiment normalisées comme moyen de promotion des intérêts nationaux en temps de paix, leur caractère non-létal leur permettant d'échapper au droit de la guerre et à l'indignation de l'opinion publique.

Ainsi, il s'avère que la guerre cyber possède les mêmes objectifs que les sanctions économiques (tirer parti d'une asymétrie de manière non-létale), et permet donc de répondre à ce type de stratégie lorsqu'une réponse symétrique (contre-sanctions[1]) se révélerait contre-productive. Du point de vue des modes d'actions, les opérations cyber sont plus proches du terrorisme et de la guerre insurrectionnelle (stratégies asymétriques non-conventionnelle) : la cyberoffensive tire donc de nombreux enseignements de Sun Tzu, tandis que la cyberdéfense a beaucoup à apprendre des stratégies de contre-insurrection[2].

Enfin, la furtivité, l'anonymat, et le risque d'attaques sous faux drapeaux érodent toute certitude sur le champ de bataille. Ce regain d'ambiguïté intervient à une époque où la précision et la vitesse de réaction sont capitales. Une

par un gouvernement beaucoup plus favorable aux auteurs des sanctions. Les sanctions onusiennes contre l'Irak votées à la suite de l'invasion irakienne du Koweït en 1990 furent maintenues à l'initiative américaine après la fin victorieuse de la Guerre du Golfe en avril 1991 parce que Washington espérait clairement qu'elles entraîneraient un coup d'État ou une révolte provoquant la chute de Saddam Hussein. Le ciblage d'hommes d'affaires proches de Poutine et présentés comme tels par les responsables américains dont certains ont publiquement évoqué des liens financiers entre ces oligarques sanctionnés et le Président russe a été sans surprise perçu par celui-ci comme visant à le déstabiliser politiquement jusqu'à entraîner sa chute.

1. SEDUKHINA, Anastasia, « Contre-sanctions : un remède pire que le mal ? » [en ligne], *Le Courrier de Russie*, 23 avril 2018. Disponible sur https://www.lecourrierderussie.com/economie/2018/04/contre-sanctions-remede-pire-mal/

2. Voir le chapitre 7 pour des recommandations allant en ce sens.

époque où certains commandants occidentaux pensaient être parvenus à balayer l'incertitude sur les champs de bataille par la supériorité technologique et par le développement d'outils de renseignement surpuissants[1]. Ce point de vue, très populaire à partir de la fin des années 1990, postulait que la science et le progrès technologique permettraient une maîtrise parfaite du terrain, des armes, et des capacités de l'agresseur, dissipant le « brouillard de guerre » presque au point de le faire disparaître. Le numérique les prend à contre-pied. Dans le cyberespace, les soldats ne savent pas où donner de la tête. Attaqués, ils ne savent pas à qui ils ont affaire. Les victimes restent également confrontées au risque que l'attribution – quel que soit le niveau de probabilité retenue par les expertises – soit erronée et qu'elles s'en prennent au mauvais adversaire, tombant dans le piège de leur agresseur. Pire, face à un cas potentiel de cyber-ingérence, les victimes ne sont même pas en mesure de percevoir s'ils sont attaqués : comment déterminer la provenance et l'authenticité d'une campagne sur les réseaux sociaux alors que les messages critiquant ou appuyant la ligne politique d'un candidat n'ont en apparence rien d'illégal ? En réalité, un tweet dénonçant Trump ou Clinton est tout aussi légitime s'il est écrit par un internaute américain, étranger et même un gouvernement étranger – ce qui fait l'illégitimité, c'est que la source prétende être ce qu'elle n'est pas, comme lorsqu'un Américain prétend être iranien,

1. Ce point de vue dérive du concept de RMA (*Revolution in Military Affairs*), popularisé notamment après la fin de la première Guerre du Golfe en 1991.

qu'un Russe prétend être américain, ou qu'un robot prétend être un utilisateur humain.

Depuis quelques temps, certains affirment que ce niveau d'incertitude n'est qu'une phase temporaire, et que les progrès techniques réalisés notamment par plusieurs initiatives du secteur privé, sous l'impulsion de la DARPA américaine, rendent l'attribution de moins en moins problématique. Il est vrai que face à l'augmentation exponentielle d'attaques et d'utilisations politiques du cyber, le développement de nouvelles techniques et d'outils d'analyse plus sophistiqués/modernes permettent déjà de réduire le temps d'analyse et d'augmenter la précision et certitude des attributions. Cependant, ces attributions restent probabilistes et le progrès technologique ne saurait résoudre tous les problèmes déjà cités. La majorité de ces techniques ne font qu'accélérer la qualification d'une attaque par rapport à des signatures déjà observées, et sont peu utiles face à un adversaire développant un modèle opératoire complètement nouveau. Aujourd'hui, les hackeurs de *Fancy Bear* pourraient se cacher davantage, mais ils perdraient de leur notoriété et de leur capacité à défendre l'image d'une Russie forte. Si cette priorité était abandonnée, rien ne les empêcherait d'adopter des outils et des signatures complètement nouvelles. Qui plus est, le progrès technologique va dans les deux sens, et risque à nouveau de créer un avantage pour les agresseurs. La popularisation de systèmes d'intelligence artificielle risque surtout de faciliter les faux – depuis 2018 des outils en libre accès permettent de mettre en scène des personnalités publiques dans des vidéos dites « *deep fake* » dont l'inauthenticité est imperceptible à l'œil nu[1] – et en même temps d'épurer les attaques de signatures « humaines ».

☆

Le résultat de ces impacts stratégiques est inquiétant. La « prime à l'offensive », le caractère asymétrique, non-conventionnel, non-létal et profondément ambigu des conflits numériques font du cyberespace un lieu de « guerre permanente ». Plus précisément, on distingue dans cette guerre permanente deux dynamiques de confrontation, selon le type de menace cyber.

D'une part, la présence de plus en plus généralisée d'implants menaçant les infrastructures vitales de différents pays génère un nouvel équilibre de la terreur fondé sur la capacité de « paralysie mutuelle assurée », qui vient rivaliser avec celle de « destruction mutuelle assurée[2] ». Cet « équilibre » est cependant hautement instable en raison de la prime à celui qui attaque en premier et du fait qu'une percée technologique puisse soudainement conférer un avantage décisif à un des acteurs. Aujourd'hui,

1. CHESNEY, Robert, CITRON, Danielle, « *Deepfakes: a looming crisis for national security, democracy, and privacy?* » [en ligne], *Lawfare*, 21 février 2018. Disponible sur https://www.lawfareblog.com/deep-fakes-looming-crisis-national-security-democracy-and-privacy

2. La « destruction mutuelle assurée », plus connue en France sous le nom d'« équilibre de la terreur », est une doctrine militaire mise en œuvre par les blocs soviétique et occidental pendant la guerre froide visant à dissuader tout emploi des armes nucléaires par un bloc contre l'autre, en affirmant qu'une telle utilisation engendrerait à coup sur la destruction totale des deux camps.

cette dynamique crée déjà un nouveau cercle de grandes puissances, les « puissances cyber » qui, au jour le jour, bénéficient d'une projection de force plus agile que les puissances nucléaires. Ce cercle compte à présent trois pays : les États-Unis, la Chine et la Russie, mais certains des acteurs mentionnés au chapitre 6 comme le Royaume-Uni, Israël et l'Iran semblent être en passe de les rejoindre dans des délais plus ou moins courts. Comment la France et les états membres de l'Europe peuvent-ils maintenir leur autonomie stratégique dans ses conditions ?

D'autre part, pour les actions demeurant en dessous du seuil de guerre ouverte, c'est-à-dire ne menaçant pas les infrastructures vitales d'un pays de paralysie imminente, le cyber permet à tous types d'acteurs de peser sur le plan géostratégique. Nous appelons ce nouveau phénomène le « pouvoir égalisateur du numérique ». Tant qu'ils ne franchissent pas les seuils permettant de qualifier irréfutablement leurs actions d'« attaque », les acteurs du cyberespace, toujours plus nombreux, ont en effet tout intérêt à défier leurs rivaux en temps de paix comme en temps de guerre, plongeant les jeux de pouvoir dans un déséquilibre continu qu'aucune puissance ne sait dominer et dans lequel les rapports de force sont non seulement renversés, mais perpétuellement renversables.

Les deux dynamiques, paralysie mutuelle assurée et pouvoir égalisateur du numérique, injectent une forte dose de volatilité dans les rapports de force au niveau mondial, régional et local – une instabilité croissante que l'on pourrait qualifier, à l'instar d'Henry Kissinger, de « retour à l'état de nature », c'est-à-dire à la loi de la jungle. Cette instabilité est au cœur de la tension et des relations contemporaines entre la Chine, la Russie et les États-Unis et fait en même temps du cyberespace un terrain de jeu mondial.

Bien évidemment, la guerre permanente engendrée par l'utilisation généralisée du cyberespace à des fins offensives s'inscrit dans une évolution plus large : c'est l'expression d'une nouvelle forme d'affrontement, que nous nommons conflit non-linéaire – « conflit », car les attaques ne dépassent pas le seuil de la guerre ouverte, et « non-linéaire », car ce conflit mené dans tous les domaines – politique, économique, légal, cyber, et informationnel – n'a pas de ligne de front physique. Alors que la Guerre froide fut menée essentiellement par le biais d'intermédiaires régionaux et de combats interposés entre les deux blocs, créant une quantité de fronts locaux, les conflits non-linéaires auxquelles nous assistons aujourd'hui – principalement entre la Russie et l'Occident, mais également entre des rivaux comme Israël et l'Iran – se traduisent par des confrontations asymétriques bien plus directes, mais dont la dominante est non-létale.

En se focalisant sur la guerre cyber et la guerre de l'information, notre ouvrage ne traite certes qu'une facette de ces conflits non-linéaires. Cependant, comme nous l'avons vu, le numérique fait du cyberespace la voie royale pour conduire une stratégie asymétrique et non-létale, en dessous du seuil de la guerre ouverte.

Aujourd'hui, les actions cyber deviennent ainsi la modalité principale des conflits non-linéaires, permettant notamment aux états comme la Russie et la Chine de répondre aux actions asymétriques et non-létales plus traditionnelles que constituent les sanctions et la guerre économique menée par les États-Unis. C'est pourquoi la guerre cyber et les conflits non-linéaires ne peuvent être décorrélés : nous ne trouverons pas de solution durable à la guerre permanente que se livrent les acteurs dans le cyberespace sans comprendre le conflit non-linéaire plus global dans lequel cette guerre s'inscrit ; et inversement, tout stratège avance les yeux bandés s'il s'engage dans un conflit non-linéaire sans maîtriser son théâtre d'action principal : le cyberespace.

CHAPITRE 5

LA COUR DES GRANDS

Si notre parti ne parvient pas à faire face aux défis représentés par Internet, il ne saura relever le défi de rester au pouvoir à long terme[1].

1. Extrait d'un texte intitulé « *Approfondir la mise en œuvre de la réflexion stratégique du Secrétaire général Xi Jinping sur le développement de la superpuissance cyber : promouvoir sans relâche la cybersécurité et l'informatisation* », publié par l'Administration du Cyberespace de Chine le 15 septembre 2017.

Les stratégies des trois superpuissances du cyberespace – la Russie, la Chine et les États-Unis – résultent à la fois de leur héritage culturel et historique et de leur perception des menaces auxquelles elles sont confrontées. Il s'avère que la Russie et la Chine ont pleinement apprécié les risques et les opportunités que leur confère ce nouvel espace, tandis que les États-Unis peinent à s'y adapter. Ce chapitre lève le voile sur les doctrines et les objectifs qui motivent les actions de ces trois pays dans le cyberespace, ainsi que sur une tentative – pour le moment échouée – de réguler la compétition entre deux d'entre eux.

Russie : les chevauchées des cyber-cosaques

Les actions russes dans le cyberespace s'inscrivent dans la politique de restauration de la souveraineté politique russe mise en œuvre par le Président Vladimir Poutine depuis son arrivée au pouvoir en 2000. Elles répondent à deux préoccupations : se protéger des agressions étrangères et compenser un rapport de force perçu comme défavorable avec l'Occident.

Comme les anciens des services de renseignement et de sécurité qui vont peupler les allées du pouvoir sous sa présidence, Poutine considère que la chute de l'Union soviétique a été accélérée, sinon provoquée, par la disparition totale sous la *perestroïka* des années Gorbatchev d'obstacles aux interférences et aux actions de propagande provenant de l'étranger. Poutine, qui quitte son poste de colonel au FSB en 1991 pour entrer dans la vie politique à Saint-Pétersbourg, vit la présidence Eltsine comme une période de dépendance humiliante vis-à-vis des États-Unis. Cette dépendance se manifeste tout d'abord par la propagation d'ONG occidentales sur le sol russe et par la politique de libéralisation incontrôlée prônée entre 1992 et 1995 par les conseillers économiques américains d'Eltsine, puis par l'ingérence ouverte des États-Unis lorsque Washington intègre des conseillers directement dans l'équipe de campagne de réélection d'Eltsine en 1996.

Élu président en 2000, Poutine fait alors lui-même l'expérience du soft power américain, tel que raconté de manière extensive dans notre premier chapitre. Comme il l'explique lors d'un entretien exclusif en février 2018 avec Megyn Kelly, journaliste de la chaîne américaine NBC, Poutine considère aujourd'hui que la Russie est avant tout victime d'une confrontation asymétrique initiée par les États-Unis, se concrétisant essentiellement sous deux formes : l'ingérence dans les systèmes politiques tant sur le sol russe que dans l'ancienne sphère d'influence soviétique, et l'utilisation de sanctions économiques ciblées pour pousser au changement de régime.

> Nous discutons avec nos amis et partenaires américains, les représentants du gouvernement, et quand ils prétendent que certains Russes auraient interféré avec les élections américaines, nous leur disons – et nous l'avons fait assez récemment à un très haut niveau : « Mais vous intervenez constamment dans notre vie politique. »
>
> Croirez-vous, ils ne le nient même pas ! Savez-vous ce qu'ils nous ont dit la dernière fois ? Ils nous ont dit : « Oui, nous intervenons, mais nous avons le droit de le faire, car nous répandons la démocratie, et vous non, donc vous ne pouvez pas le faire[1].

Le président russe mène par conséquent depuis son arrivée au pouvoir une politique volontariste visant à rétablir la puissance de la Russie à l'extérieur et sa souveraineté sur le plan intérieur. C'est dans ce contexte que le numérique apparaît à la fois comme une menace et une opportunité. S'étant constitué en réaction au sentiment que les États-Unis – et particulièrement, les néoconservateurs et les libéraux respectivement proches de George W. Bush et d'Hillary Clinton – mettaient en œuvre une stratégie asymétrique et non-létale visant à promouvoir les intérêts américains dans la sphère d'influence russe, la

1. *President of Russia, "Interview to American TV channel NBC"* [en ligne], 10 mars 2018. Disponible sur http://en.kremlin.ru/events/president/news/57027

stratégie cyber du Kremlin est elle-même, sans surprise, une tentative d'affaiblir les factions interventionnistes du paysage politique américain et, plus largement, d'inverser le rapport de force en usant du caractère profondément asymétrique et non-létal des outils numériques. L'action cyber devient ainsi un pilier de plus en plus important de la politique du Kremlin, et surtout, à partir de 2014, sa principale composante offensive vis-à-vis des États-Unis.

Mais les actions de la Russie dans le cyberespace sont aussi profondément marquées par l'idéologie et la culture stratégique du pays, héritée aussi bien de la Russie tsariste que de l'Union soviétique. Une caractéristique commune de ces deux régimes fut la volonté de contrôler l'information et de l'utiliser à des fins aussi bien offensives que défensives. La Russie impériale et l'URSS ont l'une, puis l'autre, développé une censure intrusive, notamment à l'encontre des idées libérales occidentales, et mené des actions de propagande ouvertes et clandestines visant à influencer la politique étrangère des états occidentaux. C'est ainsi qu'en 1914, l'Ambassade russe à Paris subventionne activement la presse nationaliste pour pousser la France à la guerre contre l'Allemagne.

Pendant la Guerre froide, l'Union soviétique poursuit ces activités, développant une stratégie asymétrique de « mesures actives » qui s'inscrit dans le dessein central et permanent de l'Union soviétique : poursuivre au niveau mondial toutes les actions politiques, économiques, informationnelles, clandestines et en dernier recours militaires, permettant de faire évoluer à son avantage ce que les stratèges russes nomment la « corrélation globale des forces » entre les camps occidental et socialiste. Menée essentiellement par les services de renseignement soviétiques (KGB et GRU), cette stratégie était déjà soucieuse d'éviter de déclencher un conflit militaire direct. Elle se traduit, d'une part, par le soutien accordé à tous les mouvements politiques – notamment de guérilla – pouvant affaiblir les États-Unis et leurs alliés et, d'autre part, par un grand nombre d'actions de guerre de l'information.

Ces actions de guerre informationnelle s'inscrivaient dans un cadre conceptuel formalisé à partir des années 1970 sous le nom de « contrôle réflexif ».[1] Le contrôle réflexif est, à partir d'une connaissance approfondie du processus cognitif des individus ciblés et de leur perception initiale d'un contexte, la capacité à influencer leur perception, leurs objectifs ou la doctrine qui les inspirent sans qu'ils ne perçoivent l'existence, ou du moins la source, de cette influence. Le contrôle réflexif a deux variantes. Le contrôle réflexif *constructif* vise à influencer la cible de façon à ce qu'elle effectue des choix souhaités par l'agresseur. Le contrôle réflexif *destructif* vise à créer la confusion et l'incertitude de telle façon qu'il empêche toute décision rationnelle et paralyse ainsi l'adversaire. Le contrôle réflexif inspira à la stratégie militaire soviétique le concept d'une « sphère informationnelle » englobant

1. Terme et concept développé par des chercheurs militaires russes (V.V. Druzhinin, D.S. Kontorov, Vladimir Lefebvre) à partir de la théorie du contrôle et de la communication du mathématicien Norbert Wiener – théorie baptisée cybernétique par son inventeur.

Voir *"Russia's reflexive control theory and the military"* [en ligne], *Journal of Slavic Military Studies, 2004*/17, n° 2, p. 237 à 256. Disponible sur https://www.rit.edu/~w-cmmc/literature/Thomas_2004.pdf

l'espace stratégique, concept que l'on retrouve régulièrement dans les documents officiels et paroles des dirigeants politiques et militaires russes d'aujourd'hui.

Avec l'arrivée de Poutine au pouvoir, le Kremlin va développer une action duale – l'une affichée, l'autre cachée – dans cette « sphère informationnelle ». D'une part, le gouvernement va affirmer et mettre en œuvre de manière relativement transparente une doctrine axée sur la souveraineté numérique et sur une présence plus proactive dans la production et la distribution de contenus numériques aussi bien sur le plan intérieur qu'international. D'autre part, l'armée et les services de renseignement engagent des actions clandestines offensives, perçues comme des ripostes légitimes, bénéficiant de l'appui intéressé de cercles cybercriminels ainsi que du « patriotisme » de certains hackeurs. Ces actions reflètent parfaitement la perception du paysage géostratégique mondial exprimée dans la doctrine de défense russe.

L'importance des technologies de l'information et leur intersection avec les enjeux de sécurité et de souveraineté de la Russie sont inscrites dès janvier 2000 dans la doctrine de sécurité nationale, deux mois avant la prise de fonction formelle de Poutine à la tête de l'État russe. L'analyse des menaces informationnelles y est révélatrice, sinon prophétique :

> La sécurité nationale est de plus en plus menacée dans le domaine de l'information. L'effort d'un certain nombre de pays pour dominer l'espace mondial de l'information et chasser la Russie du marché de l'information externe

> et interne constitue un grave danger, tout comme l'élaboration par un certain nombre d'États d'un concept de guerre de l'information qui envisage la création de dangereux moyens d'influence sur les sphères informationnelles d'autres pays ; la perturbation du fonctionnement normal des systèmes d'information et de télécommunication et de la fiabilité du stockage des ressources d'information ; et l'obtention d'un accès non autorisé à eux.

En septembre de la même année, le Président décrète l'adoption à part entière d'une *Doctrine de sécurité de l'information* très exhaustive. Les deux textes reprennent le concept soviétique de « sphère informationnelle » qui, à l'ère numérique, inclut de leur point de vue aussi bien les contenus et contenants informatiques (systèmes permettant le traitement, le stockage et le transfert des contenus numériques), que les acteurs véhiculant l'information *via* Internet : médias et internautes, mais aussi toute organisation non-gouvernementale ayant des liens à l'étranger.

Sur le plan intérieur, tout sera alors mis en œuvre pour graduellement régner en maître sur chacune de ces composantes, au fur et à mesure que les menaces évoquées par les Russes dans leur doctrine se confirment. Les deux premiers mandats de Poutine donnent lieu à une prise de contrôle presque totale par le pouvoir sur les médias audiovisuels et sur la presse[1], mais l'action

1. AVRIL, Pierre, « Le pouvoir russe accroît son emprise sur les médias » [en ligne], *Le Figaro*. 22 septembre 2014. Disponible sur http://www.lefigaro.fr/international/2014/09/22/01003-20140922ARTFIG00328-le-pouvoir-russe-accroit-son-emprise-sur-les-medias.php

des ONG et le développement d'Internet et des réseaux sociaux restent relativement libres.

Tout bascule en 2012, après la vague de révolutions de couleurs, de printemps arabes et l'émergence d'un mouvement de contestation similaire pendant la campagne qui ramène Poutine à la présidence. Poutine signe quasi-immédiatement une loi établissant un contrôle très strict des ONG. En novembre de la même année entre en application une loi missionnant l'autorité de contrôle des télécommunications et des médias, connue sous son nom abrégé de Roskomnadzor, d'établir une liste noire des domaines, des sites et des adresses de serveurs (adresses IP) du Web donnant accès à des contenus interdits par la loi. Entre 2013 et 2014, le champ d'application de la loi est étendu aux contenus prônant l'extrémisme, incitant à la haine, violant l'ordre établi et appelant à des manifestations interdites. Les fournisseurs d'accès Internet (FAI) sont pénalement obligés de bloquer l'accès aux contenus référencés sur la liste noire dès le rejet (très fréquent) des éventuels recours judiciaires[1].

En 2014 une nouvelle loi regroupe sous l'appellation d'« organisateurs de dissémination de l'information » les réseaux sociaux, les messageries et les blogs. Pour pouvoir fonctionner en Russie, ceux-ci doivent à présent s'enregistrer auprès de Roskomnadzor en fournissant des informations détaillées sur leur activité. En 2015 une

1. SOLDATOV, Andrei, BOROGAN, Irina, *"Putin brings China's Great Firewall to Russia in cybersecurity pact"* [en ligne], *The Guardian*, 29 novembre 2016. Disponible sur https://www.theguardian.com/world/2016/nov/29/putin-china-internet-great-firewall-russia-cybersecurity-pact

autre loi impose aux réseaux sociaux de stocker les données de leurs abonnés russes dans des serveurs localisés en Russie.

Depuis 2017 une loi contraint ces « organisateurs de dissémination de l'information » à n'accepter des abonnés russes que si ceux-ci fournissent leur identité avec un numéro de téléphone portable, et à rendre cette information accessible par le Roskomnadzor. L'impact de cette nouvelle loi fait le tour du monde en avril 2018 lorsque Roskomnadzor décide d'intervenir pour obliger la mise en conformité de Telegram, application de messagerie très populaire dans la jeunesse contestataire russe et dans les partis politiques grâce à son canal de communication hautement sécurisée, mais aussi, notons-le, pour la même raison de cryptage, la messagerie favorite de Daech. Telegram est inscrit sur liste noire à la suite de son refus de livrer les codes d'accès permettant de percer son cryptage. La justice russe valide le blocage de l'accès au service de Telegram, dont le recours est rapidement rejeté[1]. S'ensuit une incroyable partie de cache-cache informatique. Plusieurs jours durant, Telegram migre sans arrêt son service de serveur en serveur et se cache derrière les adresses IP génériques qui leur sont attribuées par les hébergeurs, Google et Amazon[2]. Incapable de dénicher les contenus Telegram parmi les flux de

1. Il est important de rappeler que les créateurs de Telegram, Pavel et Nikolaï Dourov, ont aussi été ceux de VKontakte, l'équivalent russe de Facebook qu'ils furent contraints de vendre à un groupe proche du pouvoir en 2014.

2. BURGESS, Matt, « *This is why Russia's attempts to block Telegram have failed* » [en ligne], *Wired*, 28 avril 2018. Disponible sur https://www.wired.co.uk/article/telegram-in-russia-blocked-web-app-ban-facebook-twitter-google

données provenant de ces infrastructures, les autorités bloquent l'accès depuis la Russie aux serveurs les uns après les autres, paralysant l'utilisation de tout autre service hébergé sur la même infrastructure : vente en ligne de nombreux magasins russes, messageries Gmail, forums et réseaux sociaux. Au plus fort de cette bataille, 18 millions d'adresses IP seront bloquées – soit près d'un cinquième de l'Internet russe.

Le 30 avril, des manifestations contre l'interdiction de Telegram rassemblent quelques milliers de jeunes à travers le pays. Le bras de fer engagé par Roskomnadzor contre la start-up se solde sur un échec : l'autorité de régulation est sommée de cesser les interruptions de service par le Kremlin, vraisemblablement inquiet des dégâts collatéraux engendrés par les tentatives de blocage et de leur impopularité palpable au sein de la population. L'affaire montre la limite des capacités d'action de Roskomnadzor qui face à l'architecture décentralisée et l'agilité des développeurs de Telegram ne peut réagir que par la force brute et de façon indiscriminée, en neutralisant tous les services et adresses desservis par un même serveur. Néanmoins, les autorités russes réussiront à faire plier les géants de l'Internet sur un point capital : fin avril, Google et Amazon ont annoncé qu'ils mettaient fin à la fonctionnalité ayant permis à Telegram de se fondre dans la masse de données transmises depuis leurs serveurs. Largement dénoncée par des ONG, journalistes et activistes du monde entier, la décision est un coup dur pour les développeurs de messageries cryptées du monde entier, qui à l'avenir devront redoubler d'ingéniosité.

En parallèle de ces mesures restreignant la libre circulation de l'information, les stratèges du Kremlin considèrent qu'il est tout aussi important pour la Russie d'adopter une présence proactive dans la sphère informationnelle afin, comme ils le diraient, d'équilibrer le débat médiatique local et international, de redorer l'image de la Russie, et de se défendre contre les ingérences en contrebalançant la parole d'organismes et de médias financés par des états étrangers. De ce souci naît la mission donnée aux médias nationaux russes d'étendre leurs services en langues étrangères, ainsi que la création des *Nachi*, parfois nommés les « jeunesses poutiniennes ». Ce mouvement, composé de jeunes nés peu de temps avant la chute du mur et n'ayant souvent pas connu d'autre leader que Vladimir Poutine, est formé en 2005 pour contrer toute éventuelle mobilisation étudiante sur le sol russe pouvant rappeler les révolutions de couleur. En quelques années, l'activité des *Nachi* bascule sur les réseaux sociaux russes pour prêcher la politique du « père » Poutine auprès des internautes et rendre « cool » le patriotisme.

C'est alors qu'un nouvel acteur un brin plus discret vient s'immiscer sur la toile russe. L'*Internet Research Agency* est créée en 2013. Devenue célèbre depuis pour le rôle joué dans la campagne américaine par son escadron de « trolls » professionnels, la firme contrôlée dès ses débuts par Yevgeny Prigozhin emploie des centaines de jeunes férus des réseaux sociaux travaillant dans une ambiance à mi-parcours entre une start-up numérique et un call-center de télémarketing pour détourner l'actualité ou créer de toutes pièces des fausses nouvelles à l'avantage du régime russe, ceci à l'aide des techniques et méthodes décrites au chapitre 3. Malgré la stupeur des états et des élites politiques occidentales, semblant découvrir l'existence de cette organisation en se réveillant le lendemain de l'élection américaine de 2016, son rôle et ses pratiques étaient déjà bien documentées dans la presse tant russe qu'anglo-saxonne deux ans plus tôt[1]. Mais cette stupeur s'explique par le fait qu'à l'époque, bien que la main de l'État russe dans les médias et sur la toile soit critiquée par quelques voix en Occident, celle-ci est perçue – à juste titre les premières années, puis naïvement – comme purement défensive :

Pour comprendre leur évolution comme outils offensifs, il faut se tourner vers la réflexion stratégique de l'armée russe, et plus particulièrement vers un discours de son chef d'état-major, le Général Valéri Guérassimov, publié en février 2013 sous forme d'article dans la revue mensuelle de la commission militaro-industrielle russe. L'article est une synthèse remarquable de la perception des menaces et de la vision géostratégique des dirigeants

1. CHEN, Adrian, *"The agency"* [en ligne], *The New York Times*, 2 juin 2015. Disponible sur https://www.nytimes.com/2015/06/07/magazine/the-agency.html

SEDDON, Max, « *Documents show how Russia's troll army hit America* » [en ligne], *Buzzfeed*, 2 juin 2014. Disponible sur https://www.buzzfeednews.com/article/maxseddon/documents-show-how-russias-troll-army-hit-america

Voir aussi : UNTERSINGER, Martin, « Comment l'agence de propaganda russe sur Internet a tenté d'influencer l'élection américaine » [en ligne], *Le Monde*, 17 février 2018. Disponible sur https://www.lemonde.fr/pixels/article/2018/02/17/comment-l-agence-de-propagande-russe-sur-internet-a-tente-d-influencer-l-election-americaine_5258290_4408996.html

russes, vision avant tout modelée par leur appréhension des révolutions de couleur et du printemps arabe perçus comme la mise en œuvre d'une nouvelle stratégie asymétrique occidentale à fort contenu informationnel. Les principales actions extérieures russes à partir de 2014 s'expliquent de façon cohérente avec cette vision comme des contre-attaques à ces offensives occidentales. Trois extraits de l'article du Général Guérassimov sont particulièrement révélateurs :

> Au XXIe siècle, nous avons constaté une tendance à l'effacement des lignes de séparation entre la guerre et la paix. Les guerres ne sont plus déclarées et après leur commencement se déroulent de façon inhabituelle.
>
> Les règles mêmes de la guerre ont changé. L'utilisation des moyens non militaires pour atteindre des objectifs politiques et stratégiques a cru, et dans bien des cas leur efficacité a surpassé celle de l'utilisation des armes.
>
> Un État parfaitement prospère peut, en quelques mois et même en quelques jours, se transformer en arène de combat féroce, se révéler victime d'une intervention étrangère et sombrer dans une toile de chaos, de catastrophe humanitaire et de guerre civile.
>
> L'espace informationnel offre de larges capacités asymétriques pour réduire la capacité de combat de l'ennemi.

Ces deux dernières citations sont parfaitement cohérentes avec l'ensemble des actions cyber offensives menées ou encouragées par le pouvoir russe depuis le début du siècle. En 2007, alors que les dirigeants estoniens cherchent à se distancier de l'influence russe, les agences publiques et les services bancaires du pays sont frappés par une puissante vague d'attaques par déni de service paralysant leur fonctionnement plusieurs jours durant. En 2008, l'offensive militaire russe en Géorgie est précédée d'une vague de cybersabotage visant à semer la confusion et à engourdir les mouvements des troupes géorgiennes.

À partir de 2014, le conflit ukrainien est utilisé pour expérimenter de nouvelles utilisations offensives du numérique. L'expérimentation la plus audacieuse passe quasiment inaperçue alors qu'elle présage parfaitement ce qui allait se dérouler aux États-Unis deux ans plus tard. En effet, en complément de la campagne de désinformation lancée sur le web ukrainien pour saper la légitimité des partis pro-européens en amont des élections présidentielles de mai 2014, des hackeurs pro-russes du groupe CyberBerkut ont semble-t-il tenté d'influencer l'issue du scrutin plus directement au travers d'une série de piratages de l'infrastructure électorale. La plus spectaculaire d'entre elles a failli aboutir : seulement 40 minutes avant la publication des résultats officiels sur les chaînes d'information nationales, les informaticiens du gouvernement seraient parvenus à retirer un virus du système central de la commission électorale. Sans cette intervention, le virus aurait écrasé les données officielles et diffusé des résultats selon lesquels le candidat ultra-nationaliste Dmytro Yarosh aurait obtenu 37 % des voix (contrairement aux 1 % selon les décomptes officiels) devançant le réel vainqueur, Petro Poroshenko, qui n'obtenait alors que 29 % des voix (alors qu'il fut en réalité crédité de 54,7 % des voix)[1]. De manière révélatrice, *Pierviy Kanal*, la première chaîne de télévision russe, diffusa dans un premier temps les scores factices avant de rectifier ses chiffres[2]. Le résultat signant la fin de son influence historique sur le pouvoir politique ukrainien, Moscou a ensuite ajusté sa stratégie, privilégiant des actions contre les infrastructures et les entreprises du pays pour influer directement sur l'opinion publique ukrainienne. On notera notamment l'attaque contre la centrale électrique de Prykarpattyaoblenergo de décembre 2015 qui plonge près d'un quart de millions de clients dans le noir pendant plusieurs heures[3], une attaque du même type contre une autre centrale en décembre 2016, et bien sûr, l'attaque NotPetya de juin 2017. À l'exception de cette dernière, qui a vraisemblablement échappé au contrôle de ces créateurs, ces attaques ont eu des impacts relativement limités par rapport aux effets qui auraient pu être atteints sans beaucoup d'efforts supplémentaires. Par conséquent, il semble de plus en plus certain que la Russie se soit avant tout servie du conflit ukrainien pour passer un message à ces adversaires et affiner ses modes opératoires en vue d'une utilisation de plus grande envergure si elle venait à se sentir menacée plus directement.

1. CLAYTON, Mark, « *Ukraine election narrowly avoided 'wanton destruction' from hackers* » [en ligne], *CS Monitor*, 17 juin 2014. Disponible sur https://www.csmonitor.com/World/Passcode/2014/0617/Ukraine-election-narrowly-avoided-wanton-destruction-from-hackers

2. NAJIBULLAH, Farangis, *"Russian TV announces right sector leader led Ukraine polls"* [en ligne], Radio Free Europe/Radio Liberty, 26 mai 2014. Disponible sur https://www.rferl.org/a/russian-tv-announces-right-sector-leader-yarosh-led-ukraine-polls/25398882.html

3. L'attaque est considérée comme la première attaque réussie contre une centrale électrique.

Pour autant, l'année 2015 est celle qui semble marquer l'évolution la plus importante dans la stratégie russe. Deux attaques sous faux-drapeau sont menées contre des cibles occidentales entre février et avril 2015 : l'envoi de menaces de mort, *via* Facebook, à cinq épouses de militaires américains, et l'attaque contre TV5 Monde, qui s'accompagne de menaces d'attaques terroristes islamistes en France. Dans les deux cas, l'attaque est revendiquée par le « Cyber Caliphat », une allusion évidente aux hackeurs de l'état islamique, mais se révèle en réalité être l'œuvre des hackers du groupe *Fancy Bear*. Si on accepte le consensus sur le lien de *Fancy Bear* avec le renseignement militaire russe, ces deux opérations marquent un tournant dans la stratégie du Kremlin : ce sont les premières opérations cyber offensives russes contre des cibles occidentales dont nous avons connaissance. Ces deux interventions sont également un très bel exemple de ce que le général Guérassimov a sans aucun doute en tête lorsqu'il évoque « l'utilisation de moyens non-militaires pour atteindre un objectif politique et stratégique », en l'espèce faire progresser la perception par les opinions occidentales que le djihadisme, et non la Russie, est la seule véritable menace, à un moment où la Russie multipliait les propositions aux occidentaux d'actions communes contre Daech.

L'intervention dans la campagne présidentielle américaine de 2016 représente alors un passage à l'échelle massif de ces opérations. Celle-ci poursuivait manifestement trois objectifs, les deux premiers ayant été confirmés par Vladimir Poutine. Le premier fut évidemment d'affaiblir au maximum Hilary Clinton, au minimum pour la délégitimer si elle devait être élue et au mieux pour la faire battre. Le deuxième objectif était de favoriser l'élection de Trump qui se positionnait en faveur d'une normalisation des relations russo-américaines. Vladimir Poutine l'a confirmé avec une rare transparence lors de sa conférence de presse conjointe avec le président américain le 16 juillet 2018 à Helsinki. En réponse au journaliste qui lui demande : « Souhaitiez-vous que le président Trump remporte l'élection et avez-vous demandé à certains de vos fonctionnaires de l'aider à le faire ? », Poutine répond directement « Oui, je souhaitais qu'il l'emporte, car il parlait de ramener la relation États-Unis-Russie à la normale[1]. » Le troisième objectif consistait à appliquer un précepte toujours valable de Sun Tzu : semer la discorde chez l'ennemi. L'opération russe s'est servie de la focalisation politique de la période de campagne électorale pour maximiser, par les messages postés sur les réseaux

1. Ceci est la traduction retenue par la chaîne d'information russe RT. La traduction anglaise officielle, retenue par la majorité des médias américains (et même par la Maison-Blanche), suggère que Poutine aurait répondu par deux fois « oui », laissant supposer qu'il répondait par l'affirmative aux deux questions du journaliste de Reuters, ce qui reviendrait à admettre une forme d'intervention du Kremlin dans la campagne américaine. Mais d'après l'analyse de l'hebdomadaire américain *The Atlantic* et la traduction diffusée par RT, il semblerait, que Poutine n'ait répondu qu'une fois « oui ». Cela reste la première fois que Poutine affirme de manière aussi explicite avoir souhaité la victoire de Trump contre Clinton.

Voir : FRIEDMAN, Uri, *"Russian speakers explain what Putin actually said about Trump"* [en ligne], *The Atlantic*, 18 juillet 2018. Disponible sur https://www.theatlantic.com/international/archive/2018/07/putin-trump-election-translation/565481/

Mais ce passage disparaît dans le compte-rendu de la conférence de presse publié par le Kremlin. Voir : *President of Russia, "News conference following talks between the presidents of Russia and the United States"* [en ligne], 16 juillet 2018. Disponible sur http://en.kremlin.ru/events/president/news/58017

sociaux, les tensions raciales, sociales ou religieuses du pays. Ce fut la mission des « internautes patriotes » de l'Internet Research Agency. Du point de vue russe, ces actions étaient évidemment une légitime réponse aux sanctions économiques visant à dresser aussi bien la population que les élites économiques russes contre la direction politique du pays. La différence est qu'alors que les sanctions ont totalement échoué à atteindre cet objectif, les objectifs poursuivis par la campagne de cyber influence en 2016 ont été atteints sans que l'on puisse en apprécier le poids exact par rapport à divers autres facteurs : Hillary Clinton a été battue par Donald Trump après avoir vu son image se dégrader considérablement, et la polarisation de l'opinion américaine s'est fortement accentuée.

Trois remarques doivent être faites sur l'ensemble de ces opérations. Premièrement, il est bien visible que les actions de cyberinfluence menées par la Russie correspondent aux deux types de contrôle réflexif évoqués précédemment. La dissémination des mails du DNC et de John Podesta ainsi que l'essentiel des messages attaquant Hillary Clinton sont des mesures de contrôle réflexif constructif alors que les appels à organiser à peu de distance deux manifestations de sens opposé et la diffusion de fausses nouvelles alarmistes sont évidemment des exemples de contrôle réflexif destructif.

Deuxièmement, outre leur indignation contre ce qu'ils considèrent comme une violation gravissime de la souveraineté du pays, nombre de commentateurs, notamment américains, analysent *in fine* l'ingérence informationnelle russe dans l'élection présidentielle de 2016 comme une erreur et un échec puisqu'ayant provoqué la mise en œuvre de nouvelles sanctions significatives contre la Russie. C'est ignorer l'intérêt politique et stratégique évident pour Poutine sinon pour la Russie d'empêcher l'élection d'Hillary Clinton et, même si elle l'avait remporté de créer un doute sur sa légitimité et semer la zizanie comme nous venons de l'expliquer. La réalité est d'autant plus en leur faveur : qu'il ait ou non eu un impact dans les bureaux de vote le jour de l'élection, le simple doute engendré par l'opération de cyber-ingérence russe a entraîné une quasi-paralysie du système politique américain. Plus largement, ces opérations ont fortement accentué le repli sur soi des États-Unis, divisant l'Occident et rendant ainsi la Russie plus attractive à ses voisins européens ainsi qu'à certains de leurs alliés historiques (notamment la Turquie).

Troisièmement, tout indique que le GRU – initiales de la Direction Générale du Renseignement de l'état-major russe – est le fer de lance des actions offensives russes dans le cyber. Poutine garde sans aucun doute une main ferme sur la stratégie cyber du pays, et n'hésite pas à mettre en concurrence ses agences de renseignement – FSB vs GRU – afin d'en tirer le meilleur. Mais caché derrière *Fancy Bear*, le GRU se distingue par sa maîtrise de la complexité du cyberespace et de l'interaction entre ses trois couches (matérielle, applicative et cognitive – cf. chapitre 3). Il faut regarder de plus près l'organisation et les compétences du GRU pour comprendre cette efficacité, et en tirer les leçons pour nos propres dispositifs de cyberdéfense. Son organisation est caractérisée par la centralisation inédite des services de renseignement militaire et d'une large part du renseignement technique, des forces spéciales et des forces cyberoffensives ; une organisation qui correspondrait aux États-Unis à une réunion de son agence de renseignement militaire (DIA), du commandement des opérations spéciales (SOCOM), du commandement cyber (CYBERCOM), ainsi que d'une partie de la NSA. Les implants informatiques de *Fancy Bear* ne sont autres que la version moderne des Spetsnaz implantés en Grande-Bretagne et aux États-Unis pendant la guerre froide, prêts à agir pour saboter les infrastructures critiques du pays en cas de conflit ouvert. Le fait que le GRU ait en 2010 été renommé le GU, c'est-à-dire simplement la « Direction Générale », montre bien l'importance qui lui est accordée dans l'organisation et dans la mise en œuvre de la stratégie de défense russe, bien que ce soit par habitude l'ancienne dénomination qui persiste dans le langage de ses dirigeants.

Très innovante sur le plan doctrinal offensif et défensif dans le cyberespace, la Russie s'engage cependant dans cette guerre avec un handicap monumental : la faiblesse de son économie entrepreneuriale dans le domaine du numérique. Alors que le pays bénéficie d'une grande culture scientifique, et notamment d'une jeunesse ayant reçu une excellente formation mathématique et totalement passionnée par les nouvelles technologies, la rigidité de sa bureaucratie et l'omniprésence de la corruption continuent de freiner l'éclosion de start-up numériques en Russie, poussant les jeunes talents ainsi bridés à s'exporter vers l'étranger ou à se réfugier dans le secteur parallèle de la cybercriminalité. La nationalité russe est la plus représentée – suivie des Biélorusses et des Chinois – parmi les lauréats du Google Code Jam, compétition organisée chaque année par Google pour recruter des ingénieurs de grand talent. Mais quel que soit le classement utilisé – constructeurs, développeurs de logiciels, services informatiques –, aucune entreprise russe ne figure parmi les 50 plus grandes entreprises mondiales du secteur numérique. La seule entreprise numérique russe réputée à l'étranger est la firme de cybersécurité Kaspersky, dont le fondateur et P.-D.G., Eugène Kaspersky, a su garder des liens plus que cordiaux avec le pouvoir russe après avoir débuté sa carrière au ministère de la Défense.

L'absence de mesures pour pallier cette situation de la part du gouvernement reflète un problème plus profond : l'antagonisme viscéral de Poutine vis-à-vis du secteur numérique, qu'il perçoit comme un bras armé des États-Unis. En 2014, dans une diatribe dénonçant l'Internet comme un projet de la CIA, le président russe avait notamment accusé Yandex, moteur de recherche russe permettant pourtant à la Russie d'être l'un des trois seuls pays dans lesquels Google est minoritaire dans les recherches web, d'être au service des intérêts occidentaux. Plus largement, l'inertie des dirigeants russes traduit une vision réductrice et obsolète selon laquelle le dynamisme et l'innovation économique ne sont que des leviers au service de vecteurs plus traditionnels de puissance tels que la puissance militaire, le renseignement, ou encore la diplomatie[1].

Poutine se rend compte aujourd'hui tardivement des limites de sa pensée. Courant 2017, son gouvernement a pour la première fois présenté un programme d'investissement dans l'économie numérique, doublé d'une stratégie ambitieuse visant à favoriser le développement de nouvelles technologies en soutenant l'émergence et la croissance de PME russes. Signe révélateur de ce changement de ton vis-à-vis du secteur, Poutine rend visite au quartier général de Yandex en septembre 2017 et salue leurs projets d'assistant conversationnel et de voiture autonome. Il déclare le même mois à des étudiants que « quiconque se positionnera en chef de file dans le domaine [de l'intelligence artificielle] sera le maître du monde[2] ». Toutefois, les discours des dirigeants russes ne signalent pas, à présent, d'intention réelle de se servir de la puissance économique comme d'un outil de projection de force en tant que tel. Les nouvelles initiatives restent asservies à des objectifs de souveraineté, d'autonomie technologique et d'innovation au service des forces armées, comme le confirme l'annonce en grande pompe faite par Poutine le 1er mars 2018 plaçant l'intelligence artificielle au premier plan de la stratégie de défense à long terme du pays.

1. Les capacités cyber sont concentrées au sein des services de renseignement civil et du service historique des forces spéciales militaires, et l'expansion de RT et Sputnik reste au final un outil au service des objectifs militaire. C'est un point sur lequel Medvedev avait une vision bien plus moderne – il avait tenté pendant son mandat de transformer l'économie russe.

2. RT France, « Pour Vladimir Poutine, le pays leader en matière d'intelligence artificielle sera "maître du monde" » [en ligne], 1er septembre 2017. Disponible sur https://francais.rt.com/international/42721-poutine-pays-createur-meilleure-intelligence-artificielle

En attendant cela, le Kremlin semble déjà ouvrir un nouveau champ d'action dans le cyberespace, en tirant parti de la blockchain pour développer des cryptomonnaies. Cette technologie bénéficie des mêmes caractéristiques que les armes cyber décrites au chapitre 5 : portée, immédiateté, malléabilité, mais surtout désintermédiation et anonymat permettant à la fois d'échapper au contrôle des institutions bancaires et de compliquer le traçage d'échanges financiers par des agences de renseignement étrangères[1]. Bien qu'il ait récemment mis en veille son initiative, Poutine avait en janvier 2018 commandé une étude pour préparer le lancement éventuel d'une cryptomonnaie garantie par l'État russe. À l'époque, un de ces plus proches conseillers économiques, Sergei Glazyev, affirmait que la mesure permettrait de contourner les sanctions occidentales[2]. Par ailleurs, le Kremlin aurait en coulisse prêté main-forte au gouvernement vénézuélien pour mettre au point sa cryptomonnaie d'État, le *petro*, lancée en février 2018[3]. Très clairement, les dirigeants russes y voient un moyen additionnel de reconstruire de la marge de manœuvre dans les champs économique et commercial

1. En réalité, c'est une technologie à double tranchant. Si elle est bien utilisée, elle permet d'effacer ses traces. Mais étant numérique, elle enregistre par nature toutes les transactions et permet de retracer d'autant plus parfaitement les échanges une fois que le cryptage est percé.

2. SEDDON, Max, « *Putin considers 'cryptorouble' as Moscow seeks to evade sanctions* » [en ligne], *Financial Times*, 1er janvier 2018. Disponible sur https://www.ft.com/content/54d026d8-e4cc-11e7-97e2-916d4fbac0da

3. Bien que le gouvernement russe ait officiellement nié toute participation, la cryptomonnaie est financée à 50 % par la banque russe Evrofinance Mosnarbank.

Voir : SHUSTER, Simon, « *Exclusive: Russia secretly helped Venezuela launch a cryptocurrency to evade US sanctions* » [en ligne], *Time*, 20 mars 2018. Disponible sur http://time.com/5206835/exclusive-russia-petro-venezuela-cryptocurrency/

en contrecarrant l'hégémonie du dollar américain dans les échanges internationaux.

Chine : cyber-muraille et cyber-razzias

Début 2000, la Chine ne comptait que 22 millions d'internautes, soit un quart du nombre d'Américains connectés au Web à la même époque, et bien moins que dans l'ensemble des pays occidentaux en proportion de leurs populations respectives. Aujourd'hui, près d'un internaute sur cinq est basé en Chine, et le nombre de chinois utilisant Internet approche les 800 millions[1]. Qui plus est, les géants numériques du pays sont en quelques années devenus les rivaux principaux des fers de lance historiques de la Silicon Valley. Le contraste ne pourrait être plus clair : alors même que la révolution numérique fait trembler les autocrates, fragilise les institutions et la cohésion sociale des démocraties libérales, et creuse le retard économique de pays comme la Russie, l'économie et le pouvoir central chinois semblent tous les deux en sortir renforcés.

À première vue, les attitudes de la Chine et de la Russie vis-à-vis du numérique semblent pourtant identiques. Elles s'inspirent en tout cas de visions historiques similaires : traumatisée par une période de domination étrangère et la perte de son statut historique de première

1. World Internet Stats/CNIC/ITU

puissance économique mondiale, la Chine est elle aussi obsédée par le maintien de sa souveraineté et par son désir de combler l'écart avec les États-Unis. Dans cette optique, le numérique est perçu en Chine comme un splendide instrument de stratégie asymétrique, dont la maîtrise est essentielle tant pour éviter de vulnérabiliser le pays que pour rattraper son retard face aux Occidentaux.

Cependant les stratégies cyber russes et chinoises ont deux différences fondamentales.

Premièrement, l'action chinoise dans le cyberespace privilégie le domaine économique. Contrairement à Poutine, les dirigeants chinois des 20 dernières années ont parfaitement compris le lien indissoluble qui existe non seulement entre sécurité numérique et sécurité nationale, mais également entre numérisation et modernisation, notamment depuis l'arrivée de Xi Jinping au pouvoir. Autrement dit, ils ont compris non seulement que plus on se numérise, plus on se vulnérabilise, mais qu'en même temps, pour prétendre au statut de superpuissance il faut se numériser. D'où leur mise en place de mesures qui tout en renforçant le contrôle du régime sur la sphère numérique nationale – institué bien avant la Russie – favorisent le développement de technologies et d'entreprises numériques capables de rivaliser avec les géants de la Silicon Valley.

Deuxièmement, les actions de la Chine dans le cyberespace s'inscrivent dans un dessein stratégique à la fois plus ancien et plus ambitieux qui vise une expansion résolue – bien que graduelle – de la puissance chinoise à long terme. Les dirigeants chinois ont aujourd'hui une vision relativement précise de la place de la Chine dans le monde qui inclut une vision de son positionnement dans l'ère numérique ainsi même qu'une vision du rôle et de la structure du cyberespace. Leur objectif n'est pas d'égaler la puissance américaine dans la sphère numérique, mais de la dépasser. À côté de cela, la stratégie russe s'apparente à une stratégie du chaos, visant des gains à court terme, rarement pensée plus de deux coups à l'avance et souvent improvisée en fonction de la réaction de l'adversaire. Cette approche – parfaitement reflétée dans le concept de « contrôle réflexif destructif » expliqué plus tôt – est paradoxale lorsqu'on connaît la peur du « chaos » si régulièrement exprimée par les dirigeants russes ces dernières années. Serait-ce un aveu d'impuissance ?

La révolution qui porte Mao Zedong au pouvoir en 1949 ayant mis fin à plus d'un siècle d'humiliations infligées par différentes puissances étrangères – Grande-Bretagne, France, États-Unis, Allemagne, Russie et Japon – le Parti communiste chinois (PCC) a pour mission historique de rétablir la puissance économique et militaire du pays et d'éviter tout retour des influences étrangères considérées comme la plaie absolue. Il conserve, à cette fin, un contrôle politique total sur le plan intérieur.

C'est donc sans surprise que le régime chinois développe dès la fin du XXe siècle une vive méfiance vis-à-vis d'Internet, notamment vis-à-vis de son caractère libre et décentralisé, permettant la diffusion de contenus jugés subversifs et fragilisant la légitimité du pouvoir central.

Celui-ci met en place très tôt – bien avant la Russie – des mesures radicales permettant d'étendre le contrôle absolu du Parti à la sphère numérique. Début 1998, le gouvernement lance le projet « Bouclier doré » – rapidement surnommé le « Great Firewall » ou « Grand Pare-Feu », par allusion ironique à la Grande Muraille de Chine (en anglais, « Great Wall ») – et se dote dès l'année suivante des instruments techniques et juridiques permettant de bloquer l'accès aux contenus numériques considérés comme « facteurs d'instabilité ». Au fil des années, la Chine développe une infrastructure de plus en plus sophistiquée permettant d'abord de scinder la Chine du cyberespace mondial, puis de filtrer la quasi-totalité des échanges ayant lieu sur la toile chinoise.

Dans la pratique, les principales mesures de contrôle sont donc le blocage permanent d'un grand nombre de sites et, sur les plateformes autorisées, la censure automatique de contenus comprenant certains mots-clés régulièrement mis à jour. L'accès à Facebook, YouTube et Twitter est ainsi interdit à partir de 2009, alors même que les réseaux sociaux étaient en plein envol. L'accès aux services de Google est partiellement bloqué l'année suivante, puis totalement coupé à partir de 2014. Autres exemples notables de la censure mise en œuvre : à l'heure où nous écrivons, plus de 8 000 domaines sont inaccessibles depuis la Chine et tout message contenant l'expression « Winnie l'Ourson » (ou une image de ce dernier) disparaît automatiquement une fois mis en ligne, l'expression ayant par le passé été utilisée par certains internautes pour moquer le Président

Xi Jinping en raison d'une supposée ressemblance avec le célèbre personnage de littérature pour enfants[1].

Outre la censure, ces mesures ont eu deux effets. D'une part, elles ont grandement facilité l'émergence de plateformes numériques nationales très puissantes atteignant aujourd'hui la taille critique pour s'attaquer au marché international, mais sur lesquels le pouvoir chinois garde une main ferme. Les « BATX » – sigle de Baidu, Alibaba, Tencent, Xiaomi, les quatre entreprises numériques chinoises les plus puissantes – équivalents des GAFAM américains – ont ainsi bénéficié de l'accès exclusif à un immense marché, entièrement protégé de toute concurrence extérieure. Créée il y a seulement 8 ans, la dernière-née de ces entreprises, Xiaomi, a déjà atteint un chiffre d'affaires qui devrait dépasser les 20 milliards de dollars cette année. La réglementation est également construite en leur faveur : en effet, le développement du secteur des nouvelles technologies et de l'informatique chinois jouit également d'un régime de collecte et protection des données personnelles très souple, permettant aux entreprises de bâtir de puissants modèles de *big data*.

D'autre part, la mise en œuvre du Grand Pare-feu a donné naissance à une arme nommée le « Grand Canon »[2]. En effet, le blocage de l'accès des internautes chinois aux domaines étrangers est en partie effectué par transfert du trafic entrant « non-désiré » à des sites réceptacles

1. MCDONELL, Stephen, « *Why China censors Winnie the Pooh* » [en ligne], *BBC*, 17 juillet 2017. Disponible sur https://www.bbc.com/news/blogs-china-blog-40627855

2. MARCZAK, Brian, et al., "*China's great cannon*" [en ligne], *The citizen lab*, 10 avril 2015. Disponible sur https://citizenlab.ca/2015/04/chinas-great-cannon/

qui sont rapidement saturés. Or, ce mécanisme peut se transformer sur commande en arme de déni de service massive en détournant le trafic entrant vers des sites déplaisants pour le pouvoir chinois, qui deviennent alors inaccessibles aux internautes du monde entier. La Chine exporte ainsi sa censure au-delà de ses frontières.

Simultanément à cette neutralisation des risques d'instabilité liés au numérique et à son adoption comme instrument de contrôle politique sur le plan intérieur, le pouvoir chinois a fait du cyber un des composants essentiels d'une stratégie géopolitique asymétrique mise en œuvre depuis 1999 à l'initiative du dirigeant de l'époque Jiang Zemin, évoquée lyriquement sous le nom du Shashoujian (littéralement massue de l'assassin), du nom d'une courte massue dissimulée dans une chemise à manches longues qu'un héros mythique de l'époque des Royaumes Combattants utilisait pour tuer par surprise des adversaires beaucoup plus forts.

En 1999 et 2000 lors de différentes interventions notamment devant des responsables militaires[1], Jiang Zemin insista sur la nécessité de « maîtriser le plus rapidement possible plusieurs Shashoujian pour sauvegarder notre souveraineté nationale et notre sécurité ». Pour Jiang Zemin et l'ensemble des responsables militaires et politiques chinois, cette souveraineté et cette

1. PILLSBURY, Michael, *"The hundred-year marathon"*, New York, New York: St., Martin's Griffin, 2015. BRUZDZINSKI, Jason, *"Demystifying Shashoujian: China's 'assassin's mace' concept"* [en ligne], *The MITRE Corporation*, décembre 2005. Disponible sur https://www.mitre.org/publications/technical-papers/demystifying-shashoujian-chinas-assassins-mace-concept

sécurité étaient menacées par « l'hégémonie globale » expression polie pour dire l'hégémonie américaine. Face à celle-ci, la stratégie des Shashoujian consiste à utiliser contre les États-Unis les vulnérabilités de leur posture, à commencer par la plus importante de toutes, à savoir la vulnérabilité potentielle des systèmes d'information qui jouent un rôle central tant dans l'économie que dans la défense de l'Amérique. C'est alors que le numérique joue un rôle central dans deux grands volets de la stratégie des Shashoujian mise en œuvre depuis le tournant du siècle : une campagne de cyberespionnage économique d'une ampleur inégalée et une stratégie asymétrique qui vise à contrecarrer la supériorité militaire apparente des États-Unis. En développant les capacités de cybersabotage et de guerre électronique des forces armées chinoises.

Nous ne reviendrons pas sur les exemples d'attaques dont les agences gouvernementales et les contractants militaires américains ont été victimes depuis cette période. De nombreuses entreprises sans lien avec le gouvernement américain, mais détenant des technologies utiles au développement des entreprises chinoises furent également victimes des attaques chinoises. Par exemple, en janvier 2010, Google dénonça une attaque massive baptisée Aurora dont elle ne fut pas la seule victime. Attribuée par l'entreprise de sécurité informatique McAfee à une entité militaire chinoise, l'attaque avait permis à ces derniers de s'introduire en profondeur dans les systèmes de l'entreprise aérospatiale Northrop Grumman et d'autres entreprises du secteur numérique dont Yahoo et Symantec, ainsi que de la banque Morgan Stanley.

La priorité accordée par la stratégie chinoise à la récupération de technologies et de secrets industriels est confirmée de façon spectaculaire le 19 février 2013 lorsque Mandiant, devenu FireEye, publie un rapport détaillant, avec une série d'éléments de preuve, les opérations de cyberespionnage ayant depuis 2006 visé 141 cibles privées américaines, conduites par les hackeurs de l'Armée Populaire de Chine (APL)[1]. Cette publication fut certainement faite en coordination avec l'administration Obama qui, devant l'ampleur du cyberespionnage industriel chinois, multipliait les démarches auprès de Pékin pour qu'une négociation s'engage à ce sujet, ce que Xi Jinping accepta lors de sa première rencontre en tant que Président avec Obama lors du sommet de Sunnyland (Californie) les 7-8 juin 2013. Malheureusement pour le Président américain, les révélations progressives de Snowden sur le gigantesque système de cyberespionnage de la NSA commençant le 6 juin provoquent une onde de choc mondiale. La Chine n'aura alors qu'à se réfugier derrière l'indignation médiatique générale devant les pratiques de la NSA pour éviter tout dialogue sérieux sur le sujet.

L'Administration Obama, après 10 mois d'hésitation, abattit alors une carte maîtresse en mai 2014 avec

1. MCWHORTER, Dan, « *Mandiant exposes APT1 – one of China's cyber espionage units & releases 3,000 indicators* » [en ligne], *FireEye*, 19 février 2013. Disponible sur https://www.fireeye.com/blog/threat-research/2013/02/mandiant-exposes-apt1-chinas-cyber-espionage-units.html

l'annonce de l'inculpation de cinq responsables militaires de l'unité dont dépendent les hackeurs de l'APL pour le cyberespionnage de cinq entreprises américaines au bénéfice d'entreprises privées et publiques chinoises. La réaction chinoise initiale fut un démenti indigné et en juillet 2014, lors de la réunion d'un groupe bilatéral sur la cybersécurité décidée par Obama et Xi, les représentants chinois rejetèrent catégoriquement la proposition américaine de distinguer entre l'espionnage à des fins de sécurité nationale, et celui au bénéfice économique d'entreprises, en indiquant que pour la Chine le renseignement technologique faisait partie de la sécurité nationale. Cependant, le climat changea progressivement aux États-Unis au détriment d'une Chine perçue comme abusant de l'ouverture et de la naïveté américaines. En mai 2013 une commission bipartisane sur le vol de propriété intellectuelle américaine avait estimé que ce phénomène coûtait 300 milliards de dollars par an à l'économie américaine. Dans ce contexte l'Administration fit monter la pression dans les mois précédant la première visite d'état de Xi Jinping prévue pour septembre 2015, agitant notamment la menace de sanctions commerciales visant les entreprises chinoises bénéficiant d'informations recueillies par cyberespionnage. À la surprise générale, y compris celle d'Obama à en juger par ses commentaires, cette pression réussit au-delà des espérances puisque non seulement Xi Jinping accepta formellement une renonciation de la Chine à toute action gouvernementale d'espionnage d'entreprises privées américaines, mais très rapidement les américains observèrent une chute drastique des cyber intrusion visant l'industrie nationale.

Cette concession majeure s'explique par trois raisons : la crainte de sanctions commerciales américaines, la perception que l'essentiel du travail d'acquisition technologique était fait, mais aussi la prise de conscience que les piratages issus de Chine coûtaient cher à l'économie chinoise[1] et que les entreprises du pays devenaient par ailleurs des cibles de plus en plus prisées de pirates étrangers[2]. En même temps, la décision du Président chinois anticipait deux évolutions importantes internes à l'Armée Populaire de Chine qu'il ne tarda de mettre en œuvre.

En 2014 la campagne anti-corruption lancée par Xi Jinping après son arrivée au sommet du Parti fin 2012 s'étendit aux forces armées chinoises. Cette campagne prit une ampleur croissante en mars 2015 avec la mise en examen de 14 généraux et en juillet 2015 avec l'arrestation et l'expulsion du parti communiste du Général Guo Boxiong, numéro deux de la Commission Militaire Centrale de 2002 à 2012, condamné un an plus tard à la prison

1. Un rapport de chercheurs de la prestigieuse université chinoise Tsinghua publié en 2013 estime qu'au cours de l'année 2011, la quasi-normalité du piratage entre entreprises privées chinoises avait coûté 873 millions de dollars au secteur privé chinois.

Voir : JIANWEI, Zhuge, LIANG, Gu, HAIXIN, Duan, *"Investigating China's online underground economy. Conference on the political economy of information security in China"*, 2012.

2. « Le CSIS a estimé que les États-Unis avaient perdu environ 100 milliards de dollars à cause du cyberespionnage. L'Allemagne était deuxième, à 60 milliards de dollars, suivie de la Chine, à 45 milliards de dollars. »

Voir : NAKASHIMA, Ellen, PETERSON, Andrea, *"Report : cybercrime and espionage costs $445 billion annually"* [en ligne], *The Washington Post*, 9 juin 2014. Disponible sur https://www.washingtonpost.com/world/national-security/report-cybercrime-and-espionage-costs-445-billion-annually/2014/06/08/

à vie. La décision de Xi Jinping de mettre fin aux actions de cyberespionnage économique essentiellement menées par un département de l'État-Major de l'APL intervient donc en pleine campagne anti-corruption menée contre les hauts cadres de cette APL. Ce n'est probablement pas un hasard si on songe que la redistribution des produits de ce cyberespionnage à des entreprises publiques ou privées ne s'est sans doute pas faite gratuitement... Le coup d'arrêt au cyberespionnage économique d'État a pu donc aussi s'inscrire dans la reprise du pouvoir sur les généraux opérée par Xi Jinping.

Puis, en décembre 2015, dans le cadre d'une réorganisation majeure de l'APL, Xi Jinping annonça la création d'une cinquième branche des forces armées, la force de soutien stratégique (FSS), s'ajoutant aux quatre existantes armée de terre, marine, armée de l'air, force missilière fut annoncée. Cette force rassemble l'ensemble des capacités spatiales, cyber et de guerre électronique des forces armées chinoises ; son statut, égal à celui des quatre autres branches, montre l'importance de son rôle – celui d'être le vecteur de la stratégie asymétrique des Shashoujian visant à compenser la supériorité militaire des États-Unis en agissant sur les vulnérabilités des systèmes spatiaux, d'information, de communication et de détection américains. Les milliers de hackers qui se consacraient au cyberespionnage économique au sein du 3e Département de l'État-Major chinois furent naturellement intégrés à la nouvelle Force de Support Stratégique avec, selon toute vraisemblance, une forte réorientation de leurs talents vers la pénétration informatique des infrastructures militaires ou civiles pour préparer leur neutralisation en cas de conflit.

Il convient de noter que comme c'est le cas en Russie, les moyens militaires cyber chinois ont aujourd'hui une double mission, d'intrusion informatique aux fins de sabotage ou de renseignement, et de guerre de l'information. En revanche contrairement à ce qui s'est passé avec la Russie, aucune opération d'influence politique ne semble avoir été montée en direction des États-Unis, celles-ci restant axées sur les rivaux régionaux de la Chine, avec sans surprise une focalisation particulière sur la population taiwanaise.

En somme, il apparaît que la Chine a réussi à constituer une capacité cyber défensive et offensive remarquable qui de surcroît devrait bénéficier des retombées de l'énorme effort de recherche dans deux domaines d'avenir clefs pour le cyber, l'intelligence artificielle et l'informatique quantique. Plutôt que de craindre l'Internet et de le supprimer, les dirigeants chinois ont décidé de le remodeler. Aujourd'hui, ils ne craignent plus l'Internet, ils craignent simplement sa forme ouverte et décentralisée. Ils ont su s'approprier une part du cyberespace pour en faire un redoutable instrument de contrôle centralisée et d'actions à distance, plutôt qu'un réseau d'échange modelé par ses utilisateurs. Demain, ils ambitionnent de remodeler le cyberespace du monde entier. Le risque est que la Russie et nombre d'autres états leur emboîtent le pas, mais également que les piliers du cyberespace se plient à leurs demandes – comme semble déjà vouloir le faire Google[1].

États-Unis : illusion et désillusion d'un cyber-empire

L'ère numérique est née aux États-Unis par une succession de ruptures technologiques majeures initiées par le Pentagone et le secteur privé. Ainsi se bâtirent les empires numériques de la fin du XXe siècle, IBM, Microsoft, Intel, Oracle puis ceux qui dominent le début du XXIe, les GAFA[2] et les principautés ambitieuses telles que Palantir.

Il n'est alors pas surprenant que les responsables politiques et militaires américains aient estimé dès la fin des années 1990 que la domination industrielle américaine sur les technologies numériques pouvait se reproduire géopolitiquement en faisant de ces technologies un nouvel et inégalable instrument de garantie de la sécurité et de permanence de l'hégémonie des États-Unis. Cette illusion lyrique, fondée sur la conviction de pouvoir tout faire sur l'espace numérique mondial, a perduré jusqu'à ce que les révélations d'Edward Snowden puis l'interférence informationnelle russe révèlent qu'en quelque sorte, l'Empereur est nu.

1. Référence aux fuites internes d'août 2018 sur le programme DragonFly, montrant que Google développe un moteur de recherche intégrant les demandes du pouvoir chinois.

2. Google, Apple, Facebook et Amazon.

Dès lors, le rêve d'une domination absolue durable du cyberespace par les États-Unis s'est effondré. Le gouvernement de Washington se cherche, sous deux présidents successifs, une cyber-stratégie crédible face à des adversaires de plus en plus puissants et enhardis par leurs succès récents.

Dans les années 1990, le concept de « révolution dans les affaires militaires » (la RMA selon ses initiales anglaises) se popularise dans les cercles militaires et stratégiques américaines. Ils envisagent un monde dans lequel la maîtrise des technologies numériques doperait les capacités de commandement, de communication, de contrôle, de renseignement et de reconnaissance, au point de donner un avantage inégalable aux forces militaires américaines. Les outils de guerre cyber et de guerre électronique permettraient aux forces les détenant de régner en maîtres sur le champ de bataille. De tels outils et technologies commencèrent alors à être développés de façon empirique dans les forces armées américaines comme dans celles d'autres pays. Mais un scénario totalement différent se produisit en raison du traumatisme majeur subi par l'Amérique le 11 septembre 2001.

Empêcher le renouvellement de telles attaques sur le sol américain devient alors une priorité nationale absolue. C'est dans ce contexte qu'est voté le Patriot Act[1], dotant le pouvoir exécutif de tous les moyens nécessaires à la

1. Au nom officiel révélateur : « *The Uniting and Strengthening America by Providing Appropriate Tools Required to Intercept and Obstruct Terrorism Act* ».

réalisation de cet objectif prioritaire, notamment en améliorant quantitativement et qualitativement le renseignement anti-terroriste qui avait été incapable de prévoir le 11 septembre. Pour ce qui est du renseignement le Patriot Act élargit considérablement les capacités de surveillance électronique et physique non seulement de tous les ressortissants, mais également, sous le contrôle d'un juge, de citoyens américains.[1]

La décennie 2000 voit donc très logiquement une extraordinaire croissance des moyens et des outils techniques, donc des opérations de la NSA, croissance qui influence la stratégie cyber en gestation. Les révélations d'Edward Snowden à partir de juin 2013 donnent une remarquable vision panoramique des capacités mises à la disposition du Cyber Command par la NSA et du cadre des opérations cyber-offensives américaines. Parmi les centaines de milliers de fichiers communiqués figure notamment l'intégralité du budget top-secret 2011 de la Direction Nationale du Renseignement dont dépend la NSA ainsi que la Directive Politique Présidentiel n° 20 (PPD 20) fixant les modalités d'autorisation des opérations cyber-offensives, ces deux documents étant, comme tous les autres dérobés et diffusés par Snowden, classés Top Secret. Ces documents sont très précieux pour reconstituer le développement de la cyber-stratégie américaine. Alors que le débat politique et médiatique s'est principalement concentré sur les programmes tels

1. On peut noter que le *Patriot Act* est aussi à l'origine d'un puissant instrument d'influence asymétrique, l'interdiction de toute interaction avec le système bancaire américain pour toute entité soupçonnée de blanchiment.

que PRISM permettant à la NSA d'avoir accès, grâce à la coopération des grands opérateurs du Web et des télécommunications aux métadonnées caractérisant l'ensemble des échanges téléphoniques et numériques, les deux révélations les plus significatives de ces documents Snowden sont le programme GENIE d'insertion continue par la NSA d'implants dans des dizaines de milliers de systèmes informatiques et la Directive PPD 20 définissant les modalités d'approbation des opérations cyber-offensives par le Président américain[1]. Le programme GENIE qui avait permis d'insérer des implants dans 21 252 ordinateurs quadrupla ce nombre en cinq ans puisque selon les documents Snowden plus de 85 000 machines étaient ainsi virtuellement contrôlées, ce contrôle signifiant de pouvoir à tout moment récupérer les données de ces systèmes ou en perturber le fonctionnement[2].

L'installation d'implants sur un nombre sans cesse croissant de systèmes informatiques (ordinateurs, serveurs, routeurs) à l'échelle mondiale fut le vecteur central de la stratégie américaine de domination totale du cyberespace poursuivie continûment par les administrations de George W. Bush et de Barack Obama. Cette stratégie visait à tout surveiller, tout analyser afin de tout savoir.

1. GELLMAN, Barton, NAKASHIMA, Ellen, *"US spy agencies mounted 231 offensive cyber-operations in 2011, documents show"* [en ligne], *Atlantic Council*, 31 août 2013. Disponible sur http://www.atlanticcouncil.org/blogs/natosource/us-spy-agencies-mounted-231-offensive-cyber-operations-in-2011-documents-show

2. Afin d'améliorer l'utilisation de ces implants limitée par le manque de personnel pour les contrôler (en 2011, seulement 13 % des implants furent activés), il était planifié en 2013 de mettre en place un programme baptisé TURBINE permettant d'automatiser ce contrôle et de « gérer » ainsi potentiellement des millions d'implants.

Cependant, l'existence d'une telle masse d'implants ne manqua pas d'éveiller d'autres soupçons lorsqu'elle fut révélée. En effet, du point de vue de leurs adversaires, la capacité vraisemblablement démontrée par les services américains de placer des implants dans tout système informatique relié à Internet signifiait que les États-Unis pouvaient non seulement être informés de toute information transitant dans les systèmes compromis par ces implants, comme c'en était l'intention, mais impliquait qu'ils avaient aussi surement la capacité de perturber de manière plus ou moins sévère le fonctionnement de n'importe lequel de ces systèmes, et ce à des fins dissuasives, ou coercitives. Les Américains auraient ainsi disposé de la capacité de dissuader tout adversaire qui serait tenté de paralyser des infrastructures civiles ou militaires américaines en leur faisant comprendre que leurs propres infrastructures sont totalement vulnérables à une cyber frappe instantanée américaine ; sanctionner des cyber actions de ces adversaires en leur infligeant des dégradations informatiques les incitant à ne pas répéter de telles agressions ou tout simplement paralyser des infrastructures de cet adversaire.

Cette interprétation des objectifs du programme d'implants de la NSA était d'autant plus vraisemblable qu'elle était renforcée par une autre information explosive révélée par Snowden. Le « budget clandestin » de la NSA indiquait en effet que l'organisation aurait effectué 231 cyber opérations offensives durant la seule année de 2011. En utilisant les définitions données par la PPD 20 signée par

Barack Obama en octobre 2012, une cyber opération offensive (OCEO) est une opération du gouvernement américain dans le cyberespace qui a pour objectif en dehors des réseaux de ce gouvernement de produire des « effets cyber » c'est-à-dire de manipuler, perturber, bloquer, dégrader ou détruire des ordinateurs, systèmes d'information ou de télécommunications, des infrastructures réelles ou virtuelles contrôlées par des ordinateurs ou des systèmes d'information, ou de l'information stockée dans ces systèmes. Il est à noter que toujours selon la même directive présidentielle de tels « effets cyber » peuvent aussi résulter d'une cyber opération défensive (DCEO) visant à assurer la défense ou la protection contre des cyber attaques imminentes ou en cours.

Une des informations explosives du « budget clandestin » de 2011 révélé par Snowden est la réalisation de 231 cyber opérations offensives par la NSA durant l'année de cet exercice budgétaire. En utilisant les définitions données par la PPD 20 signée par Barack Obama en octobre 2012, une cyber opération offensive (OCEO) est une opération du gouvernement américain dans le cyberespace qui a pour objectif en dehors des réseaux de ce gouvernement de produire des « effets cyber » c'est-à-dire de manipuler, perturber, bloquer, dégrader ou détruire des ordinateurs, systèmes d'information ou de télécommunications, des infrastructures réelles ou virtuelles contrôlées par des ordinateurs ou des systèmes d'information, ou de l'information stockée dans ces systèmes. Il est à noter que toujours selon la même directive présidentielle de tels « effets cyber » peuvent aussi résulter d'une cyber opération défensive (DCEO) visant à assurer la défense ou la protection contre des cyber attaques imminentes ou en cours.

La directive d'Obama caractérisant les différents types de cyber opérations datant d'octobre 2012, il est tout à fait possible que les 231 cyber opérations offensives couvrent aussi bien les actions visant à attaquer un système informatique adverse en riposte à une action lancée par lui vers des systèmes américains que les actions à motivation purement offensive telle l'opération *Olympic Games* contre le programme nucléaire iranien. Un ouvrage récent, *Cyberstrategy*[1], liste sept opérations de dégradation de systèmes adverses initiées par les États-Unis entre février 2006 et octobre 2010. Six d'entre elles sont des opérations contre-offensives à des cyber intrusions adverses. La première d'entre elles, *Cisco Raider*, fut la réponse américaine à une diffusion massive par les services chinois de faux routeurs Cisco devenant une fois installés des portes d'entrée de cyberespionnage grâce à une vulnérabilité *zero-day* qu'ils convoyaient. Les services américains identifièrent les systèmes chinois collectant ces informations et saturèrent complètement leurs opérations. Une autre *Boxing Rumble* fut la riposte américaine à des tentatives chinoises d'infiltration des réseaux du Pentagone. Des sites et réseaux fictifs furent créés pour susciter de telles infiltrations permettant ainsi de renvoyer au site expéditeur chinois soit des fausses informations soit des malwares paralysant son fonctionnement.

1. VALERIANO, Brandon, et al., « *Cyberstrategy: the evolving character of power and coercion* », Oxford, Royaume-Uni : Oxford University Press, 2018.

La septième opération, nommée *Olympic Games*, mais plus connue sous le nom de son principal vecteur le ver informatique Stuxnet est, elle, purement offensive puisqu'elle visait à saboter le programme nucléaire iranien. L'opération a donné lieu à diverses révélations convergentes et peut se résumer ainsi. En 2006, l'accélération du programme iranien d'enrichissement de l'uranium provoqua une inquiétude de l'ensemble des grandes puissances et l'implication croissante du Conseil de Sécurité. Devant le refus du président iranien Ahmadinejad d'arrêter ce programme, le chef du gouvernement israélien Benyamin Netanyahu chercha à convaincre le Président américain George W. Bush de lancer une attaque préventive contre les installations nucléaires iraniennes ou, à tout le moins, de le soutenir par le renseignement et les armements (notamment des bombes anti bunker). Sur les conseils de son Secrétaire à la Défense Robert Gates, Bush refusa. C'est alors que les responsables du Pentagone et du renseignement américain suggérèrent au Président Bush d'éviter tout risque d'action militaire unilatérale israélienne en proposant à Netanyahu une opération américano-israélienne de cybersabotage de l'usine iranienne d'enrichissement d'uranium de Natanz. L'attaque Stuxnet naîtra alors d'une collaboration étroite entre les services américains et israéliens.

In fine, les experts considèrent que l'opération *Olympic Games* a retardé d'environ un an la montée en puissance du programme iranien d'enrichissement d'uranium jusqu'à son gel en novembre 2015, dans le contexte des négociations relancées avec les 5 membres permanents du Conseil de Sécurité de l'ONU et l'Allemagne. Il apparaît que cette négociation et son aboutissement en juillet 2016 avec l'accord sur le nucléaire iranien sont avant tout dus à la conjonction de l'impact des sanctions économiques décidées par le Conseil de Sécurité et de l'élection de Rouhani comme Président de la République Islamique. Si *Olympic Games* n'a pas vraiment contribué à arrêter le programme nucléaire iranien, en revanche cette opération, parfaitement identifiée à l'été 2010, a eu indirectement un effet très important sur la cyber-stratégie américaine en accélérant la création d'un Cyber Commandement iranien en novembre 2013 et la mise en œuvre d'actions cyberoffensives iraniennes contre les États-Unis étalées entre décembre 2011 et septembre 2013.

En décembre 2015, le Département de Justice des États-Unis révéla la mise en examen, qui avait jusqu'alors été gardée secrète, de cinq cadres de deux sociétés iraniennes de cybersécurité accusés d'avoir participé à deux types de cyberattaques sur le sol américain. D'une part, entre décembre 2011 et mai 2013, des attaques par déni de service saturent les systèmes informatiques de 46 institutions financières américaines dont le New York Stock Exchange et Bank of America ainsi que d'AT&T le premier opérateur américain de télécommunications. D'autre part, entre mai et septembre 2013, des hackeurs iraniens se seraient introduits dans le système SCADA d'un barrage de la banlieue new-yorkaise qui leur aurait donné la possibilité de contrôler l'ouverture de l'écluse de ce barrage si cette écluse n'était pas alors passée sous contrôle manuel aux fins de maintenance.

Il apparaît que les autorités américaines furent informées en temps réel de ces attaques et de leur origine. Mais jusqu'au communiqué de décembre 2015 elles gardèrent le silence et demandèrent aux établissements financiers victimes des attaques par déni de service de faire de même, et cela pour deux raisons : ne pas ouvrir un débat sur l'opportunité de l'opération *Olympic Games*/Stuxnet et ne pas compromettre les négociations entamées avec le nouveau Président iranien Rouhani à partir de l'été 2013 qui aboutirent à la signature de l'accord sur le nucléaire iranien le 14 juillet 2015. La première de ces raisons apparaît en fait comme la pointe de l'iceberg de la prise de conscience douloureuse par les responsables américains de l'irréalisme de leur espoir que la domination américaine de l'industrie numérique allait se traduire par une hégémonie parallèle dans le cyberespace leur permettant à la fois la toute information par les interceptions et pénétrations de la NSA et la neutralisation des « États voyous » (« *rogue states* ») par leurs capacités cyber-offensives, illusion lyrique parallèle à celle de neutraliser le jihadisme par la conjonction des frappes de drones de quelques opérations des forces spéciales[1]. En effet les dénis de service infligés par les hackers iraniens aux grands noms de Wall Street furent une démonstration éclatante de la vulnérabilité

1. GERGORIN, Jean-Louis, « La stratégie furtive d'Obama 2 » [en ligne], *Commentaire*, 2013/141, n° 1, p. 21 à 22. Disponible sur https://www.cairn.info/revue-commentaire-2013-1-page-21.htm

asymétrique américaine parfaitement comprise, nous l'avons vu, par les stratèges chinois dès la fin du siècle dernier : le fait que les États unis soient le pays le plus numérisé du monde en fait aussi le pays le plus vulnérable à des cyberattaques y compris menées par des pays nettement moins puissants.

Toujours fasciné par le remarquable potentiel offensif et dissuasif des cyber opérations, mais devenu très conscient des risques de rétorsion sur le sol américain, à la suite des premiers cybersabotages iraniens à partir de la fin 2011, et aussi très vraisemblablement de la très rapide montée en puissance des capacités offensives de la Russie et de la Chine, Barack Obama signa le 16 octobre 2012 la Directive Politique Présidentielle 20 qui illustre totalement l'ambivalence du Président américain vis-à-vis des capacités cyber. En effet, d'une part cette directive constate que les cyber-opérations offensives « peuvent offrir des capacités uniques et non conventionnelles de faire progresser les objectifs nationaux américains dans le monde avec peu ou pas de préavis pour l'adversaire visé et avec des dommages pouvant aller du léger au très sérieux ». La directive poursuit alors en demandant à l'ensemble des responsables gouvernementaux compétents « d'identifier les cibles potentielles d'importance nationale pour lesquelles les opérations cyberoffensives offrent un rapport entre risques et efficacité positif lorsqu'on le compare aux autres moyens de puissance nationale », et d'établir et maintenir les capacités nécessaires à de telles opérations. Mais immédiatement après ce volontarisme offensif, figure la disposition essentielle de la directive présidentielle. Toute opération cyber, qu'elle soit défensive, offensive ou même à simple finalité de renseignement doit être approuvée personnellement par le Président si elle a une probabilité importante d'avoir des « conséquences significatives », caractérisées par au moins l'un des impacts suivants :

- pertes de vie,
- riposte significative contre les États-Unis,
- dommages significatifs à des biens,
- conséquences négatives sérieuses pour la politique étrangère américaine,
- impact économique sérieux sur les États-Unis.

La directive précise que les décisions d'approbation par le Président des cyber opérations nécessitant un tel aval au plus haut niveau doivent être préparées par une consultation de l'ensemble des administrations civiles et militaires concernées, ce qui signifie évidemment un processus lent et lourd, avec seulement une exception d'urgence ou le Secrétaire à la Défense est habilité à décider seul des actions cyber offensives en réponse à une attaque en cours ou imminente, mais avec là aussi toute une série de conditions et limitations.

La lecture de cette directive, toujours en vigueur au moment de la rédaction du présent ouvrage, amène à conclure qu'en octobre 2012 Barack Obama avait complètement abandonné son enthousiasme initial pour les actions cyber offensives comme moyen de coercition non-létal et assignait désormais au cyber un double rôle au service de la puissance américaine : soutenir celle-ci par le renseignement électronique omniscient de la NSA, dissuader les adversaires des États-Unis d'attaquer les infrastructures critiques du pays en ayant, grâce aux implants, la capacité de paralyser leurs propres infrastructures.

De multiples témoignages d'anciens collaborateurs d'Obama illustrent son refus persistant pendant l'été et l'automne 2016 d'envisager une riposte cyber à la cyber-ingérence russe dans l'élection présidentielle américaine. Le Président ne voulait pas prendre le risque d'une riposte russe sur les infrastructures américaines et notamment sur les machines de votes électroniques, alors qu'il disposait déjà de preuves que certaines d'entre elles avaient été infiltrées à distance. Il est clair qu'à cet instant, Poutine prend l'ascendant dans le contrôle de l'escalade.

Dans ce contexte rien n'est plus symbolique du désarroi de la stratégie cyber américaine après la PPD 20 et les deux catastrophes (Snowden et interférence russe dans l'élection présidentielle de 2016) que la comparaison entre la vision stratégique du Cyber Command présentée en juin 2015 par l'Amiral Rogers, un an après sa prise de fonctions à la tête de ce commandement et la NSA, et celle publiée en février 2018, deux mois avant sa retraite.

Le premier document intitulé *Au-delà du développement, délivrer des résultats au travers du cyberespace*[1] traduit la vocation essentiellement défensive du Cyber Command

1. *United States Cyber Command, "Beyond the build, delivering outcomes through cyberspace"* [en ligne], 3 juin 2015. Disponible sur https://nsarchive2.gwu.edu/dc.html?doc=2692135-Document-27

tout en mentionnant une seule fois brièvement les capacités des adversaires (non nommés) des États-Unis dans le message introductif de l'Amiral Rogers. Ce document est essentiellement consacré au nécessaire renforcement de la coopération du Cyber Command avec les autres organisations compétentes militaires et civiles, à la protection des réseaux du Pentagone, et enfin aux opérations cyber offensives conçues clairement comme s'intégrant dans un conflit ouvert impliquant les forces américaines.

La présentation stratégique d'avril 2018 a une tonalité radicalement différente. Déjà son titre[1] indique clairement que la supériorité américaine dans le cyberespace, considérée comme un acquis indiscutable dans le document de 2015, n'existe plus et doit être rétablie puis maintenue. Cette assertion est légèrement nuancée dans l'introduction consacrée au challenge des États-Unis dans le cyberespace où il est écrit que « nous risquons de céder la supériorité dans le cyberespace ». Ce constat inquiet se poursuit en affirmant que la capacité croissante des adversaires des États-Unis à déstabiliser la société, l'économie et les forces armées américaines vient en partie de la transformation, au détriment du pays, d'un cyberespace de plus en plus vital pour lui par des opérations continues de ces adversaires en dessous du seuil d'une guerre ouverte[2]. Ces opérations ont « provoqué et intimidé les

1. *United States Cyber Command, "Achieve and Maintain Cyberspace Superiority"* [en ligne], 15 février 2018. Disponible sur https://www.cybercom.mil/Portals/56/Documents/USCYBERCOM%20Vision%20April%202018.pdf?ver=2018-06-14-152556-010

2. Un bel hommage contraint mais involontaire de l'Amiral Rogers au Général Guérassimov.

citoyens et les entreprises » avec une totale impunité pour leurs auteurs. Le Cyber Command est ainsi confronté quotidiennement dans le cyberespace à des « compétiteurs presque égaux[1] ». Face à eux il conviendrait d'agir pour stopper les attaques avant qu'elles n'aient atteint leurs objectifs en infligeant à l'adversaire des coûts l'amenant à changer son comportement par des « opérations persistantes et intégrées ».

La présentation du Cyber Command en vient donc à définir un objectif stratégique de « supériorité par la persistance » visant à priver d'impunité ceux qui mènent des cyber agressions en dessous du seuil de la guerre ouverte. À cette fin la supériorité par la persistance consiste à attaquer de façon continue les réseaux et systèmes d'où partent les agressions pour neutraliser leurs capacités d'action et ainsi amener l'agresseur à renoncer à poursuivre ses opérations hostiles.

Enfin, parmi les six impératifs énoncés par le Cyber Command pour assurer le succès de sa nouvelle stratégie, deux méritent d'être cités. La nécessité, pourtant assez banale, d'avoir des « avantages pour tous les types d'opérations, qu'elles soient conduites dans un conflit armé ou non » montre l'innovation majeure que constitue pour le Cyber Command la planification d'actions offensives en dessous du seuil de la guerre ouverte. Ensuite, l'impératif de « créer des avantages informationnels pour faciliter la réalisation des résultats opérationnels et obtenir un impact stratégique » et pour cela notamment d'« intégrer

1. « *near-peer competitors* »

les opérations cyber et informationnelles » à partir d'un renseignement unifié permettant ces opérations est très clairement la seconde innovation majeure pour les États-Unis. Le souci d'intégrer guerre cyber et guerre de l'information est totalement nouveau au Pentagone, alors qu'il est inhérent depuis l'arrivée du cyber aux doctrines militaires russe et chinoise.

De façon intéressante la Stratégie Cyber Nationale des États-Unis approuvée par Donald Trump et le Résumé (non classifié) de la Stratégie Cyber du Département de la Défense, publiés à quelques jours d'intervalle en septembre 2018 par la Maison-Blanche et le Pentagone, précisent et nuancent en même temps la stratégie du Cyber Command. La Stratégie Cyber Nationale est un document, couvrant de façon précise et sereine l'ensemble du cyber, et ayant fait l'objet d'un assez large et rare consensus bipartisan. De façon surprenante, quand on connaît l'hostilité profonde au multilatéralisme de Donald Trump et de son Conseiller pour la Sécurité Nationale, John Bolton, le chapitre de ce document intitulé *Préserver la Paix par la Force* met constamment en valeur des volets multilatéraux de la stratégie énoncée. D'abord, en promouvant la mise en œuvre de normes de comportement responsable des états à la fois par le respect du droit international et par l'adhésion volontaire à des normes volontaires, non contraignantes, applicables en temps de paix qui pourraient permettre la mise en œuvre de mesures de confiance pour réduire le risque de conflit provoqué par des opérations cyber malveillantes (que nous appelons des cyberattaques), tous sujets que les États-Unis souhaitent voire développés dans des « forums multilatéraux »… Ensuite, en annonçant une politique d'attribution, d'exposition et de dissuasion des comportements inacceptables dans le cyberespace dont un vecteur essentiel sera une initiative internationale de cyber-dissuasion aboutissant à la constitution d'une coalition d'états alliés décidés à dissuader ensemble les auteurs d'incidents cyber malveillants. Dernier point méritant d'être noté : la stratégie cyber nationale américaine mentionne de façon spécifique la nécessité de contrer, aussi bien avec le secteur privé, les universités et la société civile qu'avec des nations partenaires, les opérations de cyber influence et de guerre numérique de l'information, cela dans le respect des droits civils et des libertés.

Cette nouvelle stratégie cyber fut à nouveau illustrée concrètement le 4 octobre 2018 par l'inculpation publique de sept officiers du GRU par le Département de Justice américain. Ces officiers sont accusés de multiples opérations de cyberespionnage entre 2014 et 2018, en particulier contre l'Agence mondiale antidopage (AMA) en 2016 et contre l'Organisation pour l'interdiction des armes chimiques (OIAC) en 2018 au moment de son enquête sur l'affaire Skripal. L'annonce de leur mise en examen s'est faite en parallèle d'une dénonciation très ferme par les gouvernements britannique et néerlandais des actions répétées du GRU, démontrant un niveau de multilatéralisme inédit de Washington D.C. sur les dossiers cyber.

De façon logique, le résumé officiel de la Stratégie Cyber du Pentagone a une tonalité plus opérationnelle et moins idyllique… Il confirme la stratégie du Cyber Command en la plaçant dans un contexte d'ensemble. Deux points méritent d'être notés à cet égard :

- Le Résumé précise que le Pentagone est engagé dans une « compétition quotidienne » pour défendre les intérêts américains avec deux compétiteurs globaux, la Chine et la Russie, et deux plus limités, la Corée du Nord et l'Iran.
- Le document du Pentagone précise que la dissuasion des cyberattaques concerne aussi bien les attaques au-dessus du seuil de la guerre ouverte que celles en dessous de ce seuil pouvant mettre en cause des infrastructures critiques américaines. En clair, cela signifie que le Cyber Command ne restera pas passif devant des opérations de « cyber-visite » des infrastructures du pays comme cela a été le cas depuis quelques années que ces incursions se produisent.

Parallèlement à la publication de ce document, des fuites convergentes ont révélé que le Président Trump venait de remplacer la directive PPD 20 mise en place par Obama, par une nouvelle directive TOP SECRET supprimant le lourd processus interministériel d'approbation présidentielle des actions cyberoffensives, pour le remplacer par une délégation large donnée au Pentagone de décider de telles actions en réaction à des cyber incursions.

Enfin, un point commun aux trois documents de cyberstratégie émanant de la Maison-Blanche, du Pentagone et du Cyber Command est l'absence de toute mention, positive ou négative, de la tentation du « *hack back* » – concept prôné par certaines victimes entrepreneuriales de cyberattaques réclamant un droit de « cyber-riposte » directe contre leurs agresseurs présumés. Le silence du gouvernement américain sur le droit au « *hack back* » n'est pas surprenant lorsqu'on considère qu'il serait, en quelque sorte, l'équivalent cyber du 2e amendement de la Constitution des États-Unis, qui garantit à chaque citoyen le droit de porter des armes et donc implicitement de s'en servir en légitime défense. Mais il n'est pas difficile d'imaginer le risque systémique qu'entrainerait la normalisation d'une telle pratique... un vrai « cyber Far West ».

En définitive, la floraison en 2018 de paroles et de documents montrant une évolution significative de la stratégie cyber des États-Unis peut amener aussi bien à se réjouir, qu'à s'inquiéter. Joie de voir les Américains adopter une posture dissuasive et multilatérale, mais aussi inquiétude que cette approche crée un risque d'escalade incontrôlée et que le Cyber Command se sente aujourd'hui « désentravée » (« *unleashed* » dit-on à Washington) par sa nouvelle doctrine de défense de l'avant.

☆

Il nous semble important de conclure ce panorama des stratégies des trois cybersuperpuissances en évoquant une intéressante tentative de « cyber arms control » entre deux d'entre elles qui, malheureusement, s'est terminée abruptement.

Le 17 juin 2013, la Maison-Blanche et le Kremlin annonçaient, en parallèle d'un dialogue positif entre les responsables militaires des deux pays sur l'impact du numérique, la conclusion d'un accord bilatéral prometteur pour la stabilité internationale. Celui-ci prévoyait la création d'un groupe de discussion russo-américain rapportant directement aux deux Présidents, qui viserait à apprécier les nouvelles menaces cyber ainsi qu'à proposer des mesures concrètes pour y faire face. L'accord énonçait également une série de mesures de confiance qui permettraient d'éviter toute escalade résultant d'actions cyber paraissant émaner d'un des deux pays et visant l'autre. Ces mesures, très denses, couvraient notamment :

1. L'établissement d'un dialogue permanent entre les CERT, centres d'alerte et de réaction rapide aux incidents informatiques majeurs des deux pays, où ces deux instances se communiqueraient immédiatement toutes les informations sur des malware paraissant provenir de l'autre et essaieraient de déterminer ensemble les remèdes appropriés.
2. La création d'une ligne directe sécurisée entre le Conseiller cybersécurité de la Maison-Blanche et le Secrétaire adjoint du Conseil de Sécurité russe, ainsi qu'une liaison directe permanente entre des équipes opérationnelles du Département d'État et du Ministère américain de la Défense permettant de communiquer rapidement tout incident cyber paraissant attribuable à l'autre partie afin de le clarifier et éviter toute escalade. Ce modèle était calqué sur la ligne établie en 1963 à des fins de réduction

des risques de confrontation nucléaires entre les deux superpuissances de l'époque.

Aujourd'hui, les relations entre les deux nations et leur comportement dans l'espace cyber sont à l'opposé ce que pouvait laisser espérer cet accord.

Au lendemain de l'élection de Donald Trump, Vladimir Poutine a sans doute, un temps pensé, qu'après quelques mouvements diplomatiques, il pourrait engager avec le nouveau président américain un dialogue direct permettant de relancer les relations russo-américaines comme cela s'était produit au début des présidences de Bush et d'Obama et ainsi aboutir à un compromis sur l'Ukraine permettant de lever les sanctions occidentales contre la Russie. Au lieu de ce scénario idéal pour Poutine et Trump, les conclusions justes et unanimes des agences de renseignement américaines sur la responsabilité de la Russie dans les opérations de cyberespionnage et de cyberinfluence ayant visé la campagne présidentielle, conclusions entièrement soutenues par les nouveaux patrons de ces services, nommés par Donald Trump, a déclenché un engrenage dangereux pour les États-Unis, la Russie et leurs alliés.

Les principaux rouages de cet engrenage sont les suivants. Premièrement, l'alternance chez Trump d'une acceptation du bout des lèvres de ces conclusions, perçues comme mettant en cause la légitimité de son élection, et de doutes suggérés sur leur réalité, comme cela s'est manifesté lors de sa conférence de presse conjointe avec Vladimir Poutine à l'issue de leur sommet en tête-à-tête le 16 juillet 2018 à Helsinki. Le Président Trump émet pour la même raison des attaques récurrentes contre l'enquête du Procureur Spécial Mueller sur l'ingérence russe.

Deuxièmement, en réponse à cette ambiguïté présidentielle, le Congrès a voté de manière unanime en juillet 2017 la codification législative des sanctions russes ainsi que leur renforcement, mesure redoutée par la Russie et qu'Obama avait empêchée. Sous la pression du Congrès et la recommandation conjointe de ses responsables de la sécurité nationale, le Président Trump a depuis été contraint d'approuver des mesures dures visant la Russie telles qu'une expulsion massive de diplomates russes après l'empoisonnement des Skripal et la vente d'armes à l'Ukraine qu'Obama avait, elle aussi, toujours refusée.

Pendant ce temps, les Russes, dont certains espéraient revenir sur un processus permettant d'obtenir un accord plus représentatif de leur puissance et donc de leurs intérêts dans le cyberespace, continuent les assauts, considérant surtout qu'ils n'ont aucune raison d'y mettre fin. Dernières en date, les tentatives réussies de pénétration de centaines d'infrastructures de production ou de distribution d'électricité américaines attribuées par le FBI à des hackers considérés proches du pouvoir russe et la découverte par Facebook d'une nouvelle tentative de cyberinfluence sur son réseau laissent planer le doute sur la suite des évènements, à l'approche des prochaines élections législatives américaines. Ils constituent, pour le moins, un sérieux risque d'instabilité et d'escalade de la confrontation entre les deux nations, particulièrement compte tenu de la nouvelle doctrine de « défense de l'avant » du cyber-commandement américain.